《高校教育及其数智化创新探索与实践研究》系 2020 年度高校思想政治理论课教师研究专项一般项目:优秀中青年思政课教师择优资助项目"高职高专思想政治理论课'数字画'教学创新研究"（项目号：20JDSZK127，主持人：周叶露）、2022 年重庆市教育科学"十四五"规划重点课题:"职业院校师德师风建设有效机制研究"（课题号：K22YC309053，主持人：周叶露）、教育部职业院校信息化教学指导委员会 2022 年度数字化转型行动研究课题《高职院校数字化转型的趋向分析与师生数字素养共同体研究》（项目号:KT22142,主持人:周叶露）的阶段性研究成果。

高校教育及其数智化
创新探索与实践研究

>>> 周叶露◎著

GAOXIAO JIAOYU JIQI SHUZHIHUA
CHUANGXIN TANSUO YU SHIJIAN YANJIU

中国出版集团 | 全国百佳图书
中国民主法制出版社 | 出版单位

图书在版编目（CIP）数据

高校教育及其数智化创新探索与实践研究 / 周叶露著 .
—北京：中国民主法制出版社，2023.6
ISBN 978-7-5162-3254-5

Ⅰ.①高… Ⅱ.①周… Ⅲ.①数字技术—应用—高等
学校—教育管理—研究 Ⅳ.① G640-39

中国国家版本馆 CIP 数据核字（2023）第 096579 号

图书出品人：刘海涛
出版统筹：石　松
责任编辑：刘险涛

书　　　名／高校教育及其数智化创新探索与实践研究
作　　者／周叶露　著

出版·发行／中国民主法制出版社
地址／北京市丰台区右安门外玉林里 7 号（100069）
电话／（010）63055259（总编室）　63058068　63057714（营销中心）
传真／（010）63055259
http://www.npcpub.com
E-mail: mzfz@npcpub.com
经销／新华书店
开本／ 16 开　710 毫米 ×1000 毫米
印张／ 13.75　字数／ 174 千字
版本／ 2023 年 6 月第 1 版　　2023 年 6 月第 1 次印刷
印刷／廊坊市海涛印刷有限公司

书号／ ISBN 978-7-5162-3254-5
定价／ 68.00 元
出版声明／版权所有，侵权必究。

前　言

在"互联网+"时代，随着物联网、大数据和云计算技术的不断发展，数智化是未来高校教育数字化转型的重要发展趋势和方向之一，凭借大数据丰富的数据储备，高校教育在有效、科学地分析大数据后，便能做出更加正确及科学的管理决策，数智化的高校教育管理能够最大限度地实现公平和客观的管理，让高校的发展更加符合未来的需求。另外，利用数智化技术，高校可以改变教育管理的思维，充分发挥教育管理工作信息化的优势，提高竞争力。因此，高校应顺应时代发展形势，运用数智化技术进行教育管理工作创新，从而推动教育管理的长远发展。

有鉴于此，笔者撰写了本书，全书在内容编排上共设置六章，第一章作为本书论述的基础与前提，主要探讨高校教育的基本理念、高校教育的管理学、高校教育与数智化转型服务新发展、高职教育与数智化创新新探索；第二章是高校教育管理体系，内容包括：高校教育的管理本质与原则、高校教育的管理过程与特点、高校教育的管理价值与创新；第三章主要探讨高校教育中的教学机制、课程建设、校企联动、产教合作；第四章从高校教育中教师管理能力塑造及其培养、师德师风建设有效机制研究、教师管理队伍的专业化建设、大数据时代高校教师队伍的精细化管理四个角度阐述高校教育教师队伍管理研究；第五、六章注重实践探索，内容囊括高校教育数智化创新人才培养的设计与思考、高校教育数智化创新实践路向的探索与研究。

本书将高校教育与数智化相结合，探寻促进我国高校教育工作有效发展的对策，全书逻辑清晰明了，理论与实践相结合，具备较强的时代性、系统性、操作性和可读性。

本书在撰写过程中，吸收和借鉴了很多专家学者的研究成果，在此表示诚挚的谢意。由于作者水平有限，书中所涉及的内容难免存在纰漏之处，恳请读者提出宝贵意见，使之更加完善。

目　录

第一章　高校教育基本理论概述

第一节　高校教育的基本理念

一、贯彻新发展理念

当前，我国高校要贯彻新发展理念，为中华民族伟大复兴贡献教育力量，具体包括：①加强和改进党对教育工作的全面领导，为教育改革发展稳定提供坚强保证；②坚定推动落实立德树人这一根本任务，着力培养实现中华民族伟大复兴的先锋力量；③坚持以人民为中心的发展思想，解决好群众"急难愁盼"的教育问题；④牢牢抓住提高人才培养能力这个重点，为全面建成社会主义现代化强国提供有力的人才和技能支撑；⑤坚持把"四个面向"①作为重要使命，为实现高水平科技自立自强提供坚强支撑；⑥坚持深化教育改革创新，攻坚克难，进一步激发教育发展的动力和活力。

---

① 　四个面向：面向世界科技前沿、面向经济主战场、面向国家重大需求、面向人民生命健康。

二、立足当下，引领未来

当前我国审议通过《中共中央关于制定国民经济和社会发展第十四个五年规划和二〇三五年远景目标的建议》（以下简称《建议》），明确了"建设高质量教育体系"的政策导向和重点要求，为未来 5 至 15 年的高等教育发展擘画战略蓝图，《建议》指出，要"提高高等教育质量，分类建设一流大学和一流学科，加快培养理工农医类专业紧缺人才""加强创新型、应用型、技能型人才培养""支持发展高水平研究型大学，加强基础研究人才培养"。

2020 年，首轮"双一流"建设收官，根据"双一流"建设的总体方案，建设分为三个大的阶段，三个节点分别是到 2020 年、到 2030 年和到 21 世纪中叶，并以五年一轮推进。另外，"十四五"期间，"双一流"高校将进一步通过创新发展，提升高等教育解决"卡脖子"问题的能力。各级各类高校都将通过科教融合、产教融合等途径，构建创新、协调、开放的高等教育体系。

当前，我国正处于"两个一百年"奋斗目标的历史交汇期，对高等教育的需求比以往任何时候都更加迫切，对科学知识和卓越人才的渴求比以往任何时候都更加强烈。高校在编制"十四五"规划、确定未来发展方向时，仍然要把握以下基本点：

第一，牢牢抓住全面提高人才培养能力这个核心点。今后，高校需要多方位提高师生素质，重点将落在健全学校家庭社会协同育人机制层面，从德智体美劳"五育并举"，到全员全程全方位"三全育人"，因地因校制宜，发展素质教育，形成有效的实践模式，努力汇聚起教育系统和社会各方的更大合力。

第二，深度融入社会发展进程。高校要紧盯国家战略需求，主动肩负服务国家、区域、行业的神圣使命，高度关注世界发展和人类文明进步面对的共同挑战，源源不断输出高素质人才、高端科技成果和先进文化，在民族复兴中带头发挥国之战略重器作用。

第三，加快实现治理体系和治理能力现代化。教育是助推实现国家治理体系和治理能力现代化的重要领域，应注重做好以下两方面：①构建政府、教育机构、社会三者新型关系，建立"管办评"相对分离又有机统一的制度；②加快建立破"五唯"的教育评价体系，注重改进结果评价，强化过程评价，探索增值评价，健全综合评价。

第二节　高校教育的管理学分析

"教育管理在高校课程改革中发挥着重要作用，不仅能够有效提升教学质量与效率，更能稳定教育改革的支撑体系，确保高校获得长远与稳定发展"[①]。对高校教育管理学进行分析可以更好地规范教学行为，有针对性地培育学生，引导学生成人成才。下面以高校教育中的高等教育管理学为例进行阐述。

一、高校教育管理学的性质分析

高等教育管理学是研究高等教育管理活动及其规律的一门科学。高等教育管理学是"关于高等教育管理学的内涵、系统原理、学科体系研究的科学，

---

① 刘鹏程.高校教育管理质量保障路径研究［J］.黑龙江教师发展学院学报，2021，40（2）：13.

是揭示高等教育管理学科内外部规律的科学"①。就学科研究的基础而言，高等教育管理学是以高等教育的实践活动为研究平台，运用系统的理论研究方法对管理学进行研究，对高等教育实践活动中的规划组织、协调、控制，在理论上予以阐述。从学科的结构和内容而言，高等教育管理学既具有教育学方面的属性，又具有管理学方面的属性；既有教育科学的社会属性，又有管理科学的自然属性。高等教育管理学是一门应用型科学，是教育科学管理科学和其他技术科学的理论与方法等在高等教育实践活动中的应用，因此，高等教育管理学就是研究这种应用规律的科学。

从学科的层次而言，高等教育学是教育学学科中的二级学科，高等教育管理学不仅是高等教育学研究领域内的分支科学，也是管理学科中的一个分支科学。就管理的特性方面而言，在管理学科的研究中，管理的属性体现在高等教育的活动中，具有教育的专业性，是一般管理理论在教育平台上的有效结合。实质上，高等教育管理学的实际落脚点应该是在管理上。虽然，有些研究资料及教科书是从学科理论体系进行研究，如，研究学科的科学含义与特性、学科的理论体系与知识结构、学科的内容与系统联系、学科的建设与学科的发展等，其走的是学科系统理论的科学性研究的道路。从学科的特性出发，特别是从它的实践性来研究高等教育管理活动及其规律，是否对高等教育的管理活动具有更加积极的指导意义，属于更深入的专业层次研究的问题。

如果从课程的地位来分析，高等教育管理学是高等教育学相关专业的一门主干专业课。高等教育管理学是高等教育学专业教学活动中的主要课程，是高等教育专业和其他学习研究高等教育管理人员的必修课程。无论是高等教育学专业，还是高等教育管理专业或研究方向，如果缺乏高等教育管理学

---

① 吕村.高校教育管理与教学研究［M］.长春：吉林文史出版社，2021：1.

的这些知识，那么就没有了这一专业的基本属性，进而缺乏学科基本层面上的支撑，所以，它是高等教育管理专业的基础课程，是引导高等教育管理人员进行研究的一条基本线索。

综上所述，高等教育管理学所具有的科学性表明，它是一门集人文科学与社会科学为一体的交叉应用科学，是用相关知识构成的体系对高等教育管理的本质、目的、原理和方法的理论探索与实践研究。高等教育管理学是研究高等教育管理活动的一门科学。科学的含义，即明确科学是一个怎样的知识体系，"知识体系"作为一种非常实用的知识结构，通过知识构成的规律，说明其具有严密的条理性。

科学一词，"科"的意思是分科、分类或分层；"学"的意思是学问，因此，我们也可以这样理解，科学也可以是分科类的知识和学问。从目前的科学分类而言，按研究对象的不同可分为自然科学、社会科学，还可以分出一类叫思维科学；按分类科学的功能与研究的内容性质不同，科学又可分为理论科学、技术科学、应用科学等。科学来源于人们对大自然的认识和研究，来自社会活动和实践，然后人们通过社会实践改造自然，最终使其服务于人类自己，这是出发点和目的。科学的研究如果不能服务于社会实践，那么，我们的研究就是空洞的、没有价值的。一般而言，科学是指下述三个方面之一，或者为其混合体：①导致科学发现的具体方法；②源于科学发现的具体知识；③在某些科学发现后，人们所能做的新事情或者正在做的新事情，其实是指科学技术。而科学家最关注的是第二方面，他们的目的是对客观世界的重大发现。

对于社会大众而言，科学方法也许更为重要，因为，科学的结论是用于指导实践的，科学方法是建立在实践的基础之上的。在科学的观察实验中，只能检验部分个案，实际上，有些现象是无法证实的。但是，科学可以通过证伪的方式得到提升，即用例外的情况来检验某个判断是错误的，科学知识是已证明了的知识，科学理论是严格地从通过观察和实验得来的经验事实中推导出来的，科学是以我们能看到的、听到的、触到的等为基础的，是客观的。因此，科学方法就显得十分重要，没有科学方法，这些工作都是难以达到目标的。科学是反映客观世界（自然界、社会和思维）的本质联系及其运动规律的知识体系，科学方法是实证的方法，要用实验观察来证实，理性的方法需要用归纳逻辑、演绎逻辑来推理。

高等教育管理科学的纵向科学体系是在心理学、教育学、管理学、高等教育管理学这些学科的发展基础上逐渐发展起来的，它的实践与证明最开始是很原始的方法，这与社会对教育的要求很有关系，如果社会的发展对教育科学的要求没有达到一定的程度，特别是整个社会科学的发展还没有进入教育的高级阶段时，高等教育管理学的学科体系是难以建立的。实际上，高等教育学的知识体系究竟有哪些原创的内容是值得我们认真思考的。我们认为，原创的内容是教育研究的最原始的部分，以及对最本质的、基本的属性的研究，这就是自然属性与社会属性的问题，通过教育，对自然的、社会的其他知识进行学习与研究，然后再去认识自然和改造自然。所以，纵向看高等教育管理学的科学知识，其还是在心理学、教育学、管理学最原始的知识领域的范畴之中的。

另外，教育学是研究人类教育现象和问题、揭示一般教育规律的科学。高等教育是在完全的中等教育基础上进行的，培养学术性或职业性的各类高级专门人才的专业教育，用现在最新的表述，高等教育的任务是培养具有创新精神和实践能力的高级专门人才，以发展科学技术文化，促进社会主义现代化建设。高等教育学是一门以高等教育的运行形态和发展基本规律为研究对象的，是具有综合性、理论性和应用性的教育科学。教育是广泛存在于人类生活中的社会现象，是有目的地培养社会人的活动。特别是现代社会的发展，现代教育实践的发展，对教育学研究提出了更新、更高的要求。教育学研究的内容很多，例如，教育本质问题，教育、社会、人三者关系问题；教育的目的、内容，教育实施的途径、方法、形式及它们的相互关系问题；教育过程问题，教育主体与客体的关系问题；教育制度、教育管理问题，以及反映各种教育理论和教育实践的问题等。高等教育管理学是教育学领域的分支科学，通过对高等教育管理活动现象和问题的研究，揭示高等教育管理活动的一般规律，是高等教育学研究的具体的领域之一。

教育规律是教育、社会、人三者之间和教育内部各因素之间内在的本质联系和关系，具有客观性、必然性、稳定性、重复性。例如，教育与社会的经济、文化、人口之间的关系，教育活动与人的发展之间的关系，教育、教学活动中智育与德、体、美、劳之间的关系，教育者的施教与受教育者的受教之间的关系，学生学习活动中学习动机、学习态度、学习方法与学习成绩之间的关系等都存在着规律性。高等教育学是针对以人为中心的，研究人的高级社会化活动的生理、心理过程。那么，这些过程的实施只有通过有效的管理才能实现，运用管理学中的基本方法和手段（数学的、生物的、计算机技术的等自然科学的手段和技术方法），达到高等教育的目的，才形成了高等教育管理学，这也就是高等教育管理学自然科学属性的一面。

高等教育管理学的基本层面是社会科学，这当然是毫无疑问的，它的技术层面的自然科学性也是不容置疑的。因此，把高等教育管理学归纳到应用科学的范畴是不无道理的。那么，应用科学是否是社会科学与自然科学之外的科学，作为第三类，就成了必然，因为，简单地用社会科学和自然科学的范畴，囊括不了社会科学与自然科学的中和与交叉。

既然高等教育管理学是一门应用科学，确切而言，是自然科学方法在社会科学中的应用，是管理学的原理、原则、方法在高等教育学中的具体应用，那么，要厘清高等教育管理学研究的侧重点，即它的落脚点在哪里，其应该是在管理学的原理、原则、方法的具体应用上。但是，我们并不是完全讲具体的应用，研究具体的应用，为应用而研究应用；否则，这种研究容易进入实用主义的无限循环中。我们需要研究的是它的应用规律，是从认识论和方法论上研究这种应用的科学性与合理性，形成一种应用的规则，找出其共性和个性，给人以启迪。应用规律一定是，也只有是建立在高等教育基础上的，这就决定了高等教育管理研究的特点，决定了高等教育管理学的特殊性。

我们研究学科与专业、社会科学与自然科学的目的是显而易见的，只有厘清了它们各自的本质特征、意义与内涵、差异与共性、独立与联系等，才能在高等教育管理中，把教育学的理论、管理学的原理和方法很好地融会贯通，实践中才会得心应手。

二、高校教育管理学的知识体系

对于管理学一般有两种认识：一是综合运用经济学、市场学、组织学、管理学、人力资源理论等来研究解决管理的实际问题；二是一门研究人类管理活动规律及其具体应用的科学，它通过一些工具和方法来解决管理的技术问题，如，用运筹学、统计学等来进行定量定性分析。技术科学管理学作为一门综合性的专业学科，工程技术特别是计算机科学等信息科学在管理科学中的应用，使得管理学研究如虎添翼，管理效益大大提高。管理学是为了适应现代社会化大生产的需要而产生的，其目的是研究在现有的条件下，如何通过合理地组织和配置（人、财、物等）来提高生产力的水平。管理学的出现与发展根源于社会发展的需要，学习、研究管理学也是这种需要所使然。管理学一经出现就显示了它推动社会发展的巨大功能，在当代社会，无论是生产经营，还是社会管理，都需要自觉地学习、研究管理学。

学好管理学的基本前提是从实际出发，理论联系实际。管理学研究的基本内容包括：管理活动与管理理论，管理活动中的道德与社会责任，管理活动信息的获取，战略规划、决策组织与实施，人力资源管理，管理中的组织文化，领导者与管理者，激励方法与成员沟通，控制与控制过程。由以上可以看出，管理学研究的主要内容有三个方面：①管理的目标，就是研究为何要管的问题；②管理的要素，这些要素主要指人、财、物、项目（活动内容），就是研究管哪些内容的问题；③要运用好以人为本，心理学需要控制及数理等管理技术，就是研究如何管的问题，这些知识就构成了管理学的知识体系。

当代高等教育管理的发展并不是高等教育学与管理学的简单组合，而是管理学知识在高等教育中的融会贯通与应用，由此，又产生了一些交叉科学，高等教育学和管理学知识体系的结合构成了教育哲学教育法学、教育经济学等高等教育管理学丰富的知识结构体系。高等教育管理学是一种专门且专业的管理学研究，简言之，它的知识结构是专业加管理，如果没有专业的成分，它纯粹是公共的一般性管理研究。我们强调管理的专业性是因为高等教育管理学的性质就是一门应用性科学，管理的专业性必然反映在多学科知识构成的结构的专业性上，所以，高等教育管理学的知识结构是实用性的专业知识结构。要学习和研究高等教育管理学，就要以现实的高等教育管理活动的目标为中心，注重把管理学的基本理论运用于高等教育的实践，着力对高等教育实际问题的理性思考，着眼于高等教育理论和实践的新发展，着眼于高等教育管理理论与实践的创新。我们了解高等教育管理学知识结构的目的，就是要明确学习、掌握、研究哪些内容，最终要解决如何在管理活动中去应用的问题。研究学习，灵活掌握，融会贯通，学以致用。

第三节　高校教育与数智化转型服务新发展

一、高校教育的作用与功能

高校教育的作用与功能就是教学活动的基本目标与任务，它主要源于三个方面：教师的需求目标、学生的需求目标、社会的需求目标。以往受高校教育教学活动的社会本位思想影响，一些国家特别是实施集权式管理的国家，其高校教育教学活动的作用与功能被"国家化"，但在高校教育逐步发展、受教育人群日益扩大的形势下，社会本位的教学功能不断弱化，"以人为本"的教育思想越来越占据重要地位。所以，教学活动的目标必须同时考虑教学活动主体，即教师和学生的个人需求，教师通过教学传播知识，促进自我的进一步探究，同时引导学生获得专业技能的训练，从而获得满足与成就感。学生通过对社会愿望、个人兴趣以及基本能力的综合考虑，主动接受高校教育，参与教学活动，以达到身心和智力的全面发展。社会对教学活动的需求可能是具体而分层次的，教师和学生对教学活动的需求可能是抽象而含糊的，对这种矛盾的认识和化解有利于教学方法创新。

二、高校教育的主体与环境

高校教育的主体与环境是教学活动赖以开展的基本条件。"教学主体就是有目的、有意识地进行教学实践活动和认识活动，并在教学活动中确立和体现主体地位的现实的人"①。这里的人包括三层含义：现实的人、动态发展的人、个体与群体相统一的人。因此，学生也是教学活动的主体之一。教学环境是相对于教学主体而言的，它包括教学活动中除主体之外的一切物质的、时空的、媒介的关系等方面，尽管环境在教学活动中处于从属地位，但对其实现教学目标有极其重要的影响。

三、高校教育的综合改革

深化改革是高等教育治理现代化建设的根本动力。深化高等教育领域综合改革，重点在深化，关键在综合，要求改革系统、整体、协同，始终将改革贯穿高等教育各领域、各层面、各环节。

当前高校综合改革存在内涵理解不完整、改革责任不明朗、高校内在动力不足、内部改革重点不突出等问题，应引起相关各方的高度重视。改革实践证明，高等教育综合改革作为深化教育领域综合改革的重要内容之一，要把改革的路线图变成改革的成绩单，关键在于高等教育治理各主体聚焦聚神聚力，有效推进综合改革落地生效。

自中华人民共和国成立以来，我国高等教育改革从未止步，国家高度重视高等教育事业，全面推动高等教育改革与发展，尤其经过改革开放后40多年的改革与发展，我国高等教育事业发展取得了辉煌成就，积累了丰富经验，

---

① 刘思延.高校教育教学管理实践与创新发展［M］.哈尔滨：哈尔滨出版社，2021：2.

《国家中长期教育改革和发展规划纲要（2010—2020年）》的正式实施，使中国高等教育站在了由大向强发展的新的历史起点上。总体而言，我国基本建立了完整的高等教育体系，实现了高等教育的跨越式发展，在"量"上我们已经是高等教育大国；在"质"上离高等教育强国的目标越来越近。

未来十至十五年是中国高等教育改革与发展的关键时期，也是国家现代化建设的重要阶段。在面对当前和未来中国社会乃至全球性的重大问题挑战时，高校需要全面履行其培育人才、创造知识、引领社会、实现可持续发展目标的职责。在国家"两个一百年"战略目标指引下，实现人力资源强国、科技强国、文化强国的大国使命，必须深化高校综合改革，推进高校治理现代化，加快推动我国高等教育现代化进程。

包括高校在内的高等教育领域综合改革，是对现阶段高等教育改革的总概括，是一种全局性、内在性、根本性、系统性的理念、方法和实践。新的时期，高校综合改革触及重点突破的临界点，处于不进则退的相持状态。需要深刻理解高校综合改革的内涵，拿出一抓到底的落实魄力，涵养善谋能成的落实能力，才能在"临界点"推动改革不可逆转地向前推进。当前及今后，我国高等教育改革应注重内涵与提高质量，回归教育本质；重视市场与优化结构，回应社会需求；简政放权与赋能还权，凸显高校主体地位；"自上而下"与"自下而上"，协调多元模式。推进"深水区"的高等教育改革，必须采取综合改革的办法，统筹兼顾、上下结合、部门协调，建立健全强有力的推进机制，凝聚共识、减少阻力、增强引力、形成合力。在理念上，需要从整体上把握好高等教育领域外部和内部的关系，突出改革的重点和难点，明确人才培养体制、考试招生制度、办学体制、管理体制等根本性改革的基本原则和内在目标。在方法上，需要用系统、整体的思维和方式；纵向上做到顶层设计与基层探索良性互动；横向上处理好高等教育领域内部与外部主体之间的关系。在行动上，有些做法过去有效，现在未必有效；有些过去不合时宜，现在却势在必行；有些过去不可逾越，现在则需要突破，因此，必须坚持实事求是，与时俱进。

四、高校教育的评价体系

（一）重塑"以人为本"的评价观

高校教学在具备高度专业化要求的同时，又是一项充满个性化和创造性的"培养人"的活动。教学质量评价的主要目的是促进教师的持续发展和学生的健康成长，推动各大院校提升教师素质及教学质量，进而提高人才培养质量。每一位教师都是独立的存在，其价值取向、心理状态、个性、成就感等内在需求，都影响着教学工作。调动教师的积极性，使其将实现个人的价值作为工作核心，将个人的发展和学校事业的发展有机结合起来，才能使其更好地完成教学工作。因此，高校应当注重教师素质的全面发展和教师职业提升，树立"以人为本"的评价观，由"被动评价"变为"主动评价"，客观开展评价工作，充分利用评价结果，管理并促进教师学科水平及教学技能上升，实现提升高校人才质量的真正目的。

（二）搭建以大数据为依托的指标体系

大数据时代对高等教育发展来说，既是机遇也是挑战。对于高校教学质量评价而言，以大数据为依据可以收集到更多的数据材料以作为评价依据。通过动态数据的收集，实施者可以管理不易操作、难以量化的数据，重视弹性指标的创造性，对评价对象进行多方位、多角度的综合考量。首先，利用大数据进行常态化的数据收集，如，对教学态度、教学内容、教学方法、教学效果等数据的收集。其次，进行多样化的数据应用：充分利用"教师＋在校生＋毕业生＋学校职能部门＋用人单位"多元评价主体参与到信息收集过程中，进行多角度审视，保障教学评价体系成为一个全员参与、良性互动的网络系统。最后，进行灵活的数据调整：将构建好的评价指标体系投入应用到实践中去。将使用过程中发现的问题及新的发展形势和要求进行适当的修改，不断完善评价指标体系，进而提高教学评价和教学目标的先进性。

（三）构建教学质量评价的服务支持体系

由于教学质量评价涉及的因素较多，所以必须建立一个行之有效的服务体系来保证评价工作的顺利完成：①学校主管部门应制定有关教学活动的政策和措施，协调各部门间的关系，建立规范化、科学化的教学质量评价的机制，确保教学目标的实现。例如，建立教学信息员制度、毕业生追踪调查制度、校内和校外评估制度等。②教学质量评价具有导向性作用，学校应根据社会的实际需要，组织好教学工作，把教学工作提到较高的层面上，培养出高水平的教师和高素质的人才。③学校应搭建平台，帮助教学水平相对较低的教师提高教学水平，鼓励教师之间互相帮助和互相学习，充分调动教师的工作积极性，实现教师评价与教师发展之间的有机结合，这种平台能够保证教师本人客观对待评价工作，由"被动的被评价"转变为"主动的被评价"，激发教师的敬业精神，推动评价工作的顺利开展。

（四）合理应用评价结果

评估的信息是多渠道、多方面的，高校应保证科学、合理和公正地处理处理信息。通过诊断整个信息，帮助教师改进教学质量，全面提高人才培养质量。

第一，学校应坚持合理利用评价结果、全面呈现评价结果、正确看待评价结果的处理原则。例如，学校管理部门应设置信息处理专员，利用其专业知识，对所有的教学质量信息进行科学地统计和处理，剔除掉数据中的失真信息，提高评价结果的准确性。如果教师对评估结果有异议，可以选择申诉，学校应积极进行复评。

第二，灵活运用评价结果，改变过分重视经济奖惩功能，如，将评价结果与教师的工资、奖金、职位晋升等挂钩。单纯的外部压力，如，奖惩制度，在一定程度上很难提高教师工作的积极性，甚至影响教师的正常发挥，只有真正的内驱力，才能促进教师由被动变为主动，积极参与到评价活动中，提升教学质量。

第三，将评价反馈作为教学质量的逆向促进力，加强人才激励机制。为了避免教学质量评价流于形式，在评价活动结束后，应设置信息反馈系统，将结果反馈给各个参与者，作为调整和改进工作的重要依据。例如，开设院长信箱和教学质量评价热线，可以使教学质量信息以更加客观迅捷的方式上传下达，或是建立教育评价网站，设置"院长－系主任／教研室主任－教师个人"的三级查询系统，多层次查询评价结果，这样既尊重教师，也尊重学生，又能及时发现问题，促进教学改革，实现教学质量的逐步提高。

五、教育现代化之数智化转型服务新发展

现代社会数字化对于人才的主旨要求是大数据的处理与应用能力，智能化的主旨要求是机器学习与人工智能的素质与能力[①]。高校教育数智化转型服务新发展，需要注意以下方面：

（一）明晰与数智化相关的理论

1. "数智化"的含义

"数智化"的界定离不开"数字时代到数智时代"的背景认知。当信息与数据成为独立于第一次工业革命与第二次工业革命中的劳动、土地、资本等生产要素的新型基础性生产要素，"数字化""网络化""信息化""智能化""个性化"成为经济社会场域内各类组织生产、消费、交换、分配等过程的典型特征，"数智时代"应运而生。在现有的文献搜集中，"数智化"的界定有如下几种方法：

（1）从技术上判断，"数智化"是"数+智"，指在新一代信息技术，包括云计算、大数据、人工智能、5G、数字媒体、区块链等的开发与运用下，依托"算力+算法+数据"的智能技术形成的智能科技的崛起趋势。

（2）从发展上判断，"数智化"指由数生智、因数而智，是"数字智慧化"与"智慧数字化"的合成。要通过"数智化"和"数字化"的区别和联系来理解。"数字化"作为熟知的概念，简单理解就是将信息转换为数字（即计算机可读）格式的过程。可见，在新一代信息技术，包括云计算、大数据、人工智能、5G、数字媒体、区块链等的加持下，"数智化"

---

① 王月. 数智化时代高校辅修专业教育改革的几点思考［J］. 辽宁高职学报，2021，23（10）：41.

在"数字化"的初级基础上，不断发展和升级。由数字技术的最初形态不断发展为"互联网+"，进入"智能+"，再到万物互联、思频互联的数智化高级阶段。

此处的"数智化"更倾向于从运用范畴上判断，不是研究技术和具体运用，也不是研究历史和发展规律，从选题背景看更侧重于研究数智化技术运用下的教育、管理和服务创新与转型，是面的研究，不是微观的技术开发与运用的点的研究。所以，可以借助数字化到数智化的发展脉络示意图（见图1-1），从纵向的数智价值和横向发展水平来对教育范畴内的数智化的初级、中级和高级阶段进行比较分析，从而来界定。

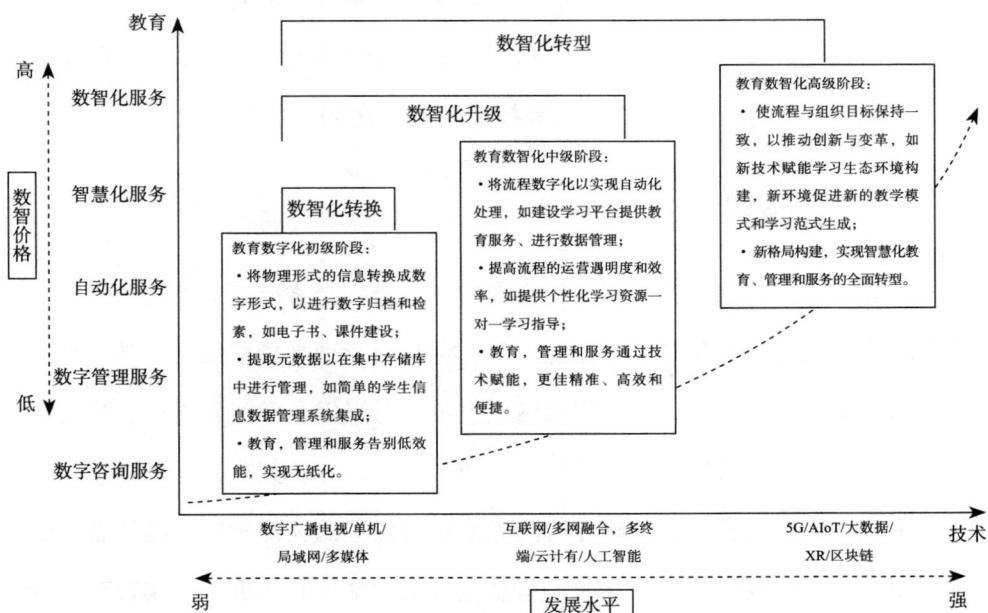

图1-1　数智化的发展脉络示意

总而言之，数智化，即在教育、管理、服务过程中广泛运用新一代信息技术（云计算、大数据、人工智能、5G、数字媒体、区块链等），实现各工作环节由数至智的深度融合，形成的一种路向特征和发展趋势。

2."高校数智化创新"的含义

此处主要阐述"高职院校数智化创新"。"高职院校数智化创新"是指在高职院校的类型教育中，从理念上、内容上、方法上对其数智化发展和转型秉持的新理念，建设的新内容，采用的新方法，形成的新格局。

由于高职院校数智化创新的对象可以是宏观的教育创新、教学创新，也可以理解为具体的技术创新、模式创新，以及教师学生数字素养到数智素养的培养，但基于本课题研究的现实基础，我们着重针对的是在优先于技术创新层面的理论、理念和格局研究，依据教育学和哲学的理论基础进行科学分析，这是本研究的前设条件，也是和技术性路径研究的重要区分。

（二）提高信息化技术掌握能力

大数据时代下的教育管理人员必须加强自身综合素质能力的提升，只有积极掌握先进的信息化技术，才能及时、科学地管理高校移动客户端，具体可以从三个方面入手：首先，积极树立大数据意识以及学习先进信息化技术的理念，运用先进的理念指导高校展开教育管理工作；其次，积极建立以信息化为主要学习内容，利用碎片时间完成学习任务的灵活机制，高校教育管理者要努力掌握数字技术等，通过信息化技术的学习和培训，充实教育管理团队力量；最后，不断完善考核工作机制。针对信息化技术人员展开定期考核，切实提高高校教育管理人员的专业技术管理技能。

（三）完善高校现代化管理系统

高校不仅要加大高端技术人才的引进，更要加强高校数智化背景下信息管理系统智能化的研发力度，只有不断完成基础性的信息管理工作，才能彻底实现信息的整合以及数智化背景下信息化系统的体验，最终建立和完善高校教育工作中人性化管理系统模式的确立。高校在完成数智化移动客户端管理应用程序时，设计和研发团队要广泛采纳高校广大师生的意见和建议，同时注重加强与其他高校之间的交流和学习，积极为高校创建先进的教育管理技术基础。

（四）强化高校数智化信息安全

当前，通过对数据的收集、整理、分析等，为各项管理工作带来了便捷的同时，也给相应的管理工作带来了不可回避的风险，因此，积极做好高校的信息安全工作是十分必要的。高校教育管理者要切实担当维护高校信息来源和存储安全的责任，这是一项义不容辞且任重道远的工作，其内容具体包括：高校教育管理者要做好信息维护、加强信息保护等高校网络信息预警工作，通过引进先进的管理手段，针对高校的校园网络进行完善和加强检查。利用高校各种宣传途径加强高校相关工作人员的数智化背景下网络信息安全意识的培养和教育。

总而言之，数智化背景下高校教育也要随之完成创新和变革，未来高校教育会向精细化和智能化方向发展，高校教育者要紧跟时代发展潮流，提升数智化背景下的信息化管理技术，最终通过高校积极为国家建设培养出更多优秀的人才。

第四节　高职教育与数智化创新新探索

一、高职教育与数智化创新的意义

教育、科技、人才是全面建设社会主义现代化国家的基础性、战略性支撑。科教兴国需教育先行，数智赋能加快教育转型。教育部教科信函〔2022〕58号《教育部关于发布〈教师数字素养〉教育行业标准的通知》释放了明确信号，教师和学生都将迎来数字素养的全面提升。面对职教发展迎来的黄金期，高职院校作为新一代信息技术的研究主体和应用领域，数智化创新是深化数智技术与高等职业教育的必然选择，也是推动未来高等职业教育变革与创新的重要路径。

（一）理论意义

一是从教育学基本原理出发，丰富高职院校数智化创新探索的理论维度；二是从哲学原理出发，从学生、教师、教育管理服务三个维度的"变"与"不变"关系，对高职院校数智化创新进行辩证思考，有别于聚焦技术运用的研究，而着力探析了"变"与"不变"中学生培养、教师素养、教育管理服务的辩证统一，对后续构建高职院校数智化创新的理论框架和结构有着重要意义。

（二）实践意义

通过构建高职院校数智化创新的格局，探索一条高职院校主动识变、学生主动求变、教师主动应变的高职院校数智化创新的实践路径。一方面围绕学生主体、教师主导两个对象，通过数智化技术赋能，构建创新格局，有效避免在数智化创新中学生被技术"圈养"，主体地位弱化，也能有效帮助教师跨域"数字鸿沟"，凸显立德树人的人文关怀，培养教师和学生的数智素养，促进高职院校教育、教学、管理、服务等方面的全面创新；另一方面，数智时代发展背景下，高职院校人才培养模式、师生关系、管理服务方式随之发生变革，要通过构建格局实践探索，形成高职院校数智化创新的良好生态和推广案例，为教育现代化服务。

二、高职教育与数智化创新的现状

截至 2022 年 12 月，以"数智化"为主题词在中国知网上总计能够检索出 1040 多条结果，仅 2022 年就有近 600 条，占总数一半以上。从学界关于数智化的研究最早可追溯到 2018 年，自 2020 年以后研究激增，后续关注和热度上升趋势明显，如图 1-2 所示。

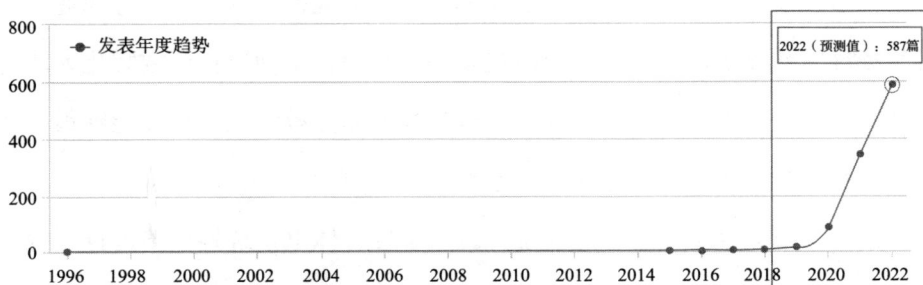

数据来源：文献总数：1047 篇；检索条件：（主题 %= '数智化' pr 题名 %= '数智化'）；检索范围：中文文献。

图 1-2　1996—2022 年数智化研究文献数量

已有研究中，所涉及学科领域广泛，包括工业、农业、金融业、信息业、物流业等数十个领域，其中，信息经济与邮政经济、工业、企业经济，以及计算机、会计领域给予的关注度最高；国家行政管理、高等教育、职业教育等学科领域关于数智化的研究相对较少，且实践应用较多，理论研究较少。

总体而言，对数智化的研究趋势与当前数智化产业迅速发展的势头一致，学界从多元学科视角出发对数智化发展中的新特征、新现象和在产业中的应用新路径进行了分析，少部分学者从社会治理、教育、人才培养中的应用和面临的问题进行了初步探索。但现有研究仍存在不足，表现如下：

第一，经济和社会治理领域的高度关注论证了数智化是未来的大趋势，教育领域的低关注度与这一趋势严重不匹配。当前进行数智化转型是企业保有竞争活力和生存能力的重要条件，是政府提升执政能力的发力点，所以需要企业和政府在更新基础设施的基础上拥有大量数智化的人才，但仅依靠企业和政府在实际工作中的人才培养，无论是从速度，还是数量上来论都难以满足其需要；承担着人才培养重任的教育领域对数智化的人才培养必须紧跟社会需求，发挥好教育服务社会发展的功能，因此，教育尤其高等职业教育必须摸准时代发展的脉搏，赶上时代发展的步伐，主动肩负起数智化人才的责任，这是教育功能性的本旨要义，也是高等职业教育人才培养能够很好地与企业和社会人才需求接轨的必由之路。

第二，缺乏系统性、全局性统筹。从学校整体出发统筹全局进行数智化创新的选题，打造数智化人才培养高地的研究尚未有前人涉足，以致许多珍贵的经验、案例像一颗颗光彩夺目的"珍珠"四散撒落，缺乏"设计图纸"和"牵引鱼线"将其串成"项链"，发挥系统集成效力。

第三，大部分研究集中在技术研发和应用领域，理论分析研究缺乏。对数智化的应用进行了广泛的研究，但主要以经验式和漫谈式为主，更为注重技术对经济发展的作用，而对于人才如何掌握数智化技术，数智化人才的培养的长期性、连续性发展问题关注极少，这无疑将有碍未来的长期发展，乃至影响社会经济整体成效。与此同时，数智化时代人工智能高速发展过程中，数智化与人之间的伦理关系等哲学问题学界关注极少，如何不走先发展后治理的老路也是学界应该关注的重要问题。

第四，无论是理论还是实践，关于重庆职业教育的数智化建设研究不足。政府文件和新闻报道大多局限于某个具体问题或是活动，例如，由重庆市教育委员会联合《重庆日报》共同举办的2022线上重庆职业教育博览会上，以"VR观展""院校联展""AI播报""影像纪实"运用VR、AI、3D等视听技术成为最大亮点，展现出了职业教育的数智化特征。重庆的数智化目前都集中在企业和乡村振兴等社会其他发展方面的运用，教育领域对数智化的研究还很不足。这与重庆建设数字文化产业创新高地，实现高质量发展，创造高品质生活的"两高"目标不匹配。

综上所述，本课题选题的研究方向，符合时代大势和地方发展，应时顺势，务实有为。

三、高职教育与数智化创新的内容

（一）高职教育与数智化创新的整体框架和重难点

以云计算、物联网、大数据、人工智能、数字媒体等技术为代表的新产业革命是一次转换速度极快、覆盖领域极广的系统性创新，职业教育面对新的蓝色技术浪潮，将掀起一场教育的革命，同时也将实现自身的嬗变。高职教育与数智化创新在中国式现代化进程的大时代背景和数智化时代的发展趋势下，针对教育先行、数智赋能职业教育的现实期许，以高职院校数智化创新为研究对象，遵循"发现问题—分析问题—解决问题"的逻辑，从理论和实践两个维度展开研究，具体如图1-3所示。

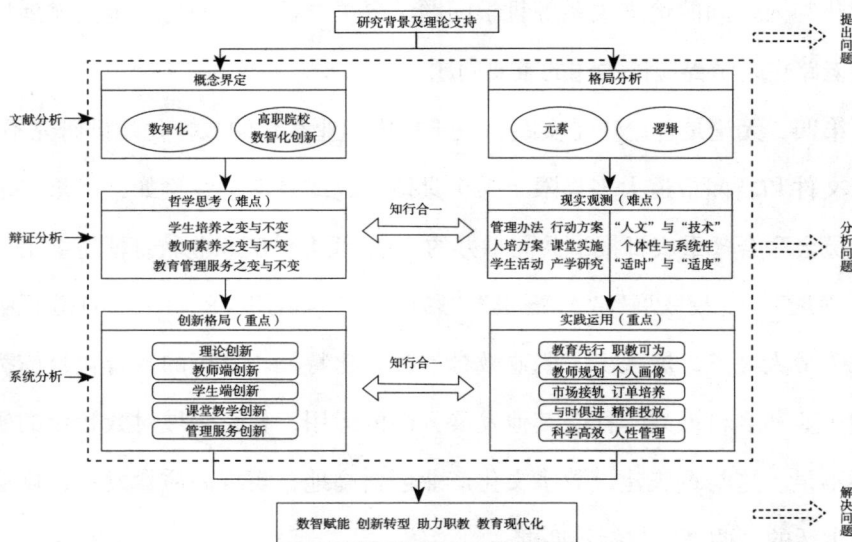

图 1-3　高职教育与数智化创新的整体框架和重难点

由图1-3（左部分）可知，在理论维度，研究高职教育与数智化创新的重难点，是解决高职院校数智化创新的核心概念"数智化"和"高职院校数智化创新"的内涵界定，并以教育学和哲学原理为理论依据，辩证分析数智化创新中学生培养、教师素质、教育管理服务三个维度"变与不变"的哲学思考，从而提出高职院校数智化创新格局的构成。

在实践维度（图1-3右部分），研究高职教育与数智化创新的重难点，是通过对高职院校数智化创新格局元素的逻辑理路分析，重点观测现实中的实践举措后，系统化揭示出数智化创新格局的创建思路和深入探究师与生、教与学、管理与服务等多个维度的实践运用。

（二）高职教育与数智化创新的格局及其元素逻辑

第一，格局的构成元素——五个"创新"和两个"主体"。两个"主体"，即教学主导的教师端和教学主体的学生端。五个"创新"分为三个维度：第一维度的创新是理念创新，它是整个创新的指引，作用于教师和学生两个对象主体，成为改革的意识导向，起指向性作用。第二维度的创新，是针对两个主体对象的创新：一方面是师资队伍培养创新；另一方面是人才培养模式创新。第三维度的创新，是从教师端作用于学生端的两条作用链的创新：一方面是课堂教学创新；另一方面是管理服务创新。

第二，构成元素的逻辑理路。如图 1-4 所示，在高职院校的教育场域中，理念创新是指引核心，双向作用于教师主导端和学生主体端两个对象，通过主观能动性发挥主动求新的现实需求。在此需求下，通过师资队伍培养创新的系列举措，实现教师作为工匠之师立德树人的育师目标，让德能兼备的"师"通过课堂教学创新（第一课堂、第二课堂、第三课堂和第四课堂）作用链一，实现与时俱进，精准投放，也通过管理服务创新（学生管理、综合服务）作用链二，实现科学高效、人性管理，从而双管齐下，服务和助力于人才培养模式创新的系列举措，最终将高职院校学生培塑为德技并修的新时代高素质技能人才，从而服务社会，报效国家。

与时俱进　精准投放

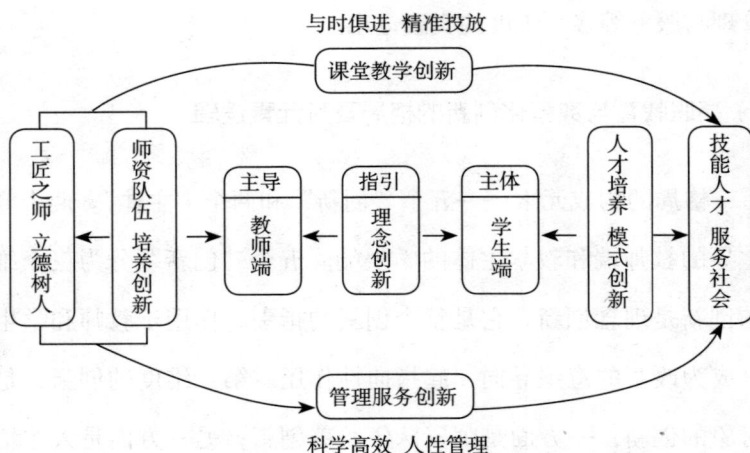

图 1-4　数智化构成元素及逻辑思路

（三）哲学视角下对高职教育与数智化创新的思考

唯物辩证法认为，事物是运动、变化、发展的。客观事物的发展在动态变化的过程中都存在着静态不变的要素。根据高职院校数智化发展脉络可以看出，在技术语境下，高职院校数智化创新是随着数智化技术的发展而变化；在高职院校的本质语境下，高职院校通过现代信息技术实现教育的根本任务不变。中国式现代化进程中，高职院校数智化创新中的"变"与"不变"是高职院校同向共生的发展状态。

1. 学生培养之变与不变

（1）学生培养之变：从单一泛化式教育向个性化培养转变。相对于传统高职院校人才培养的标准化和规模化人才培养，中国式现代化进程中需要创新型人才，而创新性人才的培养则需要关注学生差异化和个性化的发展需求，要实现规模化教育与个性化培养的有机结合。学生培养从教师用书本和经验培养转变为数智驱动，师生互动。

（2）学生培养之不变：学生主体地位不变。一是在数智化作为教育技术运用到高职院校教育实践中，其中心理念依然是"以学生为中心"；二是在中国式现代化背景下，国家大力倡导发展数字经济，建设数字中国，需要培养不同技术层级的数智化人才，而高职院校就是为实现中国式现代化不断输送数智化人才。因此，学生作为受教育者和社会所需人才，其主体地位保持不变。

2. 教师素养之变与不变

（1）教师素养之变：从传统教育素养向数字素养转变。当前，高职院校数智化取得了一定发展，但因为一些不可控制因素，线上教学、线上管理快速增长，传统教育、管理的方式方法在此显得比较乏力。数智化技术的发展也倒逼着教师进一步培育数字化意识、数字技术知识与技能、数字化应用、数字社会责任等素养，从传统教育素养向数字素养转变，再向数智素养升级。

（2）教师素养之不变：教师主导角色不变。一是教师既有传授知识和技能的职责，也有培养学生正确的世界观、人生观、价值观的职责，数智化技术具有工具属性，可以起到重要作用，但是无法完全取代教师"传到授业解惑"的主导地位；二是高职院校数智化创新始终离不开育人，教师的育人是非预设、非线性的，在传递知识的过程中对学生的信念确立、德行培育、情感认同、价值引领等方面，具有感性的、偶发的、不设限的人文色彩，不能简单地用数智来替代，具有浓厚的人文色彩。因此，高职院校数智化创新中教师的主导地位不变。

3. 教育管理服务之变与不变

（1）教育管理服务之变：从现实空间向虚拟多元交互转变。传统高职院校教育管理服务场域多为教师、办公室等，在现实空间上师生多为对立状态，在时间上，教学时间、学生作息时间、管理服务时间相对固定，学生在时空的掌握上处于被动地位。数智化技术突破了传统时空的限制，学生的学习时空、管理服务场域更加多元自主，让教育管理服务场域从固态的现实空间向虚拟多元交互转变。

（2）教育管理服务之不变：立德树人的根本任务不变。高职院校的根本任务是立德树人，中国式现代化进程中，立德树人的根本任务不会因技术革新带来的教育变革发生变化。抛开立德树人根本任务谈变革，则会出现"重术"而"轻道"的弊端。坚守立德树人根本任务不变：一是可有效避免技术发展的功利性和育人主体弱化的冲击；二是形成全员、全过程、全方位育人的智慧育人格局。

（四）高职教育与数智化创新的实践路向积极探索

高职教育与数智化创新的实践路向积极探索具体如表 1-1 所示。

表 1-1　高职院校数智化创新的实践路向探索

范围	实践路向和举措（部分）
行动方案类	"一核三极同心圆"师德师风建设有效机制 "优才—杰青—能手—大师—领军—领航"链条式智慧人才梯队 人事管理信息平台教师个体"自我画像"生涯规划指导
管理办法类	一站式"智慧校园"平台、"云平台和VPN"建设、智慧教学平台建设、校园网络等保测评、校园数据智能感知系统
人培方案类	根据产业布局的面向现代服务业、高端制造、信息技术、现代物流等领域的职业教育 "芯屏器核网"全产业链的各专业人培建设 "云联数算用"要素集群的各专业人培建设 "中国高校人工智能人才国际培养计划"

（续表）

范围	实践路向和举措（部分）
课堂实施类	高职院校教师"数字素养"培养和评价 智慧教室，数字化专业课程体系建设 数字化公共课程体系建设
教学管理类	教学质量内部治理的"数智化"转型 "同课异构和异课同构"的多元化评价与考核
学生活动类	"VR观展""院校联展""AI播报" "数字媒体3D画像校园文化建设" "教－学－用－做"四环相扣联动活动链
产学研究类	虚拟仿真实训系统开发与应用 产业布局的面向现代服务业、高端制造、信息技术、现代物流等领域的职业教育重点专业、专业群产学研一体化建设

第二章 高校教育管理体系解读

第一节 高校教育的管理本质与原则

一、高校教育的管理本质

（一）协调认知型的冲突

在高等教育系统中的宏观方面，高等教育如何适应国家经济、文化等的发展，每一个发展时期如何规划，区域高等教育的发展、高等教育发展速度的快慢、高等教育的科类层次结构等的确定，不同的决策者及管理者会产生不同的意见，甚至矛盾。在微观高等教育管理中，学校教育是非常具体的管理活动，对于学校如何定位、如何发展、如何运用学校有效的教育资源，在培养目标、课程设置、培养计划的拟订和实施、教学与科研活动的具体展开、各项工作的总结评价等方面，学校管理者也可能出现一些不一致和矛盾。

一般而言，增加交换看法、进行交流协商可能会消除由于误会与信息不全所导致的认识上的不一致；进行"和平谈判"，把对各种原因和结果的认识都拿到桌面上来，这需要领导者的权威和协调能力；提供学习机会，提高大学组织内成员的认识能力和观念水平，这不仅针对冲突双方，而且针对冲突涉及的各方，大家都需要提高自身的认识水平；调整或改善组织内部的有关结构，使各种不一致、矛盾和冲突能够最大限度地被比较完善的组织结构和人员组合（搭配）所"稀释"和"化解"；用超然的态度承认并超越某种冲突，这种方法可能有助于解决某种矛盾。要解决这类矛盾和冲突，最好的办法就是在学习和研究的基础上，开展对高等教育的教育思想、教育观念的大讨论进行认知统一。要提供公开交流的平台和场所，进行认知交流，认知融化，消除和化解形成矛盾和冲突的原因，使组织成员和冲突各方在观点上达成一致，或者提高他们的认识水平。

（二）协调感情型的冲突

感情型冲突是一种非理性的冲突，主要存在于微观高等教育管理的活动中，相对于某个方面的具体事项，带有个人的情感色彩，其原因可能是一些微不足道的小事，也可能是不同的性格、爱好，甚至可能找不到"原因"。在高等教育系统中，解决这类冲突的方法可以通过提高成员的心理素质，使其具有能够承受一定的情感冲突的能力；提高认识水平，使其认识冲突的原因是微不足道的，冲突的结果可能会产生严重后果；施行合理而公正的奖惩手段，坚持规章制度的原则性，对于坚持感情办事而导致不良后果的，做出制度上的处理；进行感情牵引，引导感情向有益的方向发展，如，完善和改进目标管理，把成员的注意力集中到实现高等教育目标上去。对于某些历史性的感情冲突，最好的解决办法也许是让时间来协调。

二、高校教育的管理原则

原则是人们对客观规律的认识和反映，是指导人们观察和处理问题的准则，由于规律具有不以人的意志为转移的客观性，因此，作为客观规律反映的原则也应该具有一定的客观性。任何管理活动，总是自觉或不自觉地遵循着某种原则，这就是管理原则。为了使管理活动有效，管理原则必须符合客观规律，并且不断地随着社会的变化而发展。

高校教育管理原则是从事高校教育管理时应遵循的活动准则和基本要求，它是从高校教育管理的实践活动中总结提炼出来的，反映了高校教育管理活动的特殊性规律和特点。确立高校教育管理原则，既要借鉴现代管理的一般理论，又要充分考虑高校教育管理的特殊背景；既要追求理论上的相对完备性，又要强调对实际工作的指导意义。尤其要分析各原则是否涵盖，以及在多大程度上涵盖整个高校教育管理领域，从而给高校教育管理原则以科学、客观、合乎逻辑的定位。

管理存在自身的规律，管理活动必须遵循这些规律，一般管理活动的规律就是管理各基本要素之间内在的本质联系和管理过程的逻辑关系。现代行政管理学的理论和方法就是对行政管理活动一般规律的认识和反映。

行政管理思想经历了工业管理、人际关系、结构主义等发展阶段。教育管理在不同场合、不同程度上借鉴了行政管理思想。例如，人际关系理论注意到员工的积极参与、满意、合作以及士气与团体的凝聚力，有可能使生产效率得到提高，这种思想也促使教育行政管理人员寻找方法提高教师和学生的积极性和主动性，以期最大限度地发挥他们的创造力。

虽然一般的管理理论与方法对高校教育管理原则的确立有一定的借鉴意义，但管理活动不能脱离事物本身的发展规律，高校教育管理必须遵循高校教育的客观规律，高校教育管理按照高校教育规律的要求，调节和协调高校教育活动中的各种关系，以保证高校教育目标和任务的实现。因此，认识和掌握高校教育的客观规律，是确立高校教育管理原则的客观依据。

高校教育的一般基本规律包括两个方面：一是高校教育与社会协调发展的规律；二是高校教育与受教育者身心全面发展相适应的规律。高校教育管理原则必须以这两个规律为前提，才能避免高校教育管理与高校教育工作者之间的对立和冲突，从而最终提高管理效益。与一般的管理活动相比，高校教育活动存在一些特殊规律，它们构成了这门学科专门的研究领域。

（一）意识特殊性原则

作为管理对象核心的人，高校与工厂不同。工厂管理者面对的是工人，工人生产的是没有意识的物品；高校教育管理者面对的是教师和学生。教师既是管理对象又是管理者，他们面对的是有意识的学生。学生既是被教师塑造的"产品"，又参与自身塑造，从这个意义上而言，学生也是管理者。因此，高校教育管理中要充分调动教师和学生的积极性和主动性，并为他们创造有利于独立思考、自由发挥的条件和环境。同时，由于教师和学生都是脑力劳动者，高校教育管理过程以知识为中介，有大量的学术问题，因此，要注意行政管理与学术管理的统一。这也是高校教育管理的特殊性。

（二）整体系统性原则

教育管理原则不应是随机的、零散的，而应构成一个系统，具有整体性、目的性和关联性。

高校教育管理原则体系的整体性在于，各原则围绕怎样提高高校教育管理效率这一目标结合为一体，没有一条原则能脱离原则体系整体而存在。只有存在于原则体系中，每一条原则才有它的功能。而且，原则体系的功能是以整体功能而论，而不以某一条原则的功能而论，原则体系的整体功能不等同于各条原则功能的简单相加。各条原则只有在原则体系整体功能目标，即提高高校教育管理效率的指导下，以合理的方式相互联系在一起并充分发挥各自功能，才能保证原则体系整体功能的实现。

高校教育管理原则是从事高校教育管理时应遵循的行为准则和基本要求。高校教育管理原则体系的目的性在于，利用原则指导具体的高校教育管理实践活动，使管理活动更符合客观规律，从而提高高校教育管理效率。高校教育管理原则体系的关联性是指涉及高校教育管理过程的各条原则应该相互依存、相互补充、相互制约。

第二节　高校教育的管理过程与特点

一、高校教育的管理过程

高校学生在高校学习和生活过程中会出现很多干扰因素，这些干扰因素影响和制约着高校学生的成长与发展，因此高校教育管理为实现教育目标就需要对此情况进行规范与调整，这就是高校教育管理的过程。高校教育管理过程实际上是一种循环往复的动态运行过程，其实质就是对组织环境和管理对象的变化与发展做一个良好的把握，通过对各种因素的实时调节与管理，在动态的情况下实现组织目标。相比高校教育管理的系统性的动态过程，单一的管理行为是没有办法直接达到管理的目的的，高校教育管理的目的只能在这个动态管理过程中完成。高校教育管理工作的良好实施离不开对管理过程的充分认知和把握，只有对高校教育管理过程进行全面的认知，才能将管理内容进行由整体至局部的拆解，继而彻底做好高校教育管理的各部分工作以及整体上的工作。

（一）高校教育管理过程的基本要素

高校教育管理过程包含以下四个基本要素，即管理者、管理对象、管理手段和职能、管理目标，这四个基本因素是协同合作，必不可少的。

1. 管理者

在高校教育管理过程中，由管理者来进行管理。

2. 管理对象

高校教育管理是一个整体管理的过程，其中必然涉及管理对象，高校教育管理的管理对象众多，人、财、物、时间、空间、信息等都包括在内。

3. 管理手段和职能

高校教育管理必然要通过一定的管理手段和方法才能良好运行，也必然要通过一定的方法实施才能发挥作用，达到管理目的，目前而言，除了行政方法、经济方法、教育方法等基本管理方法外，高校教育管理还需要对管理对象进行一系列的包括预测、决策、计划、组织、激励等相关举措。

4. 管理目标

高校教育管理需要有可实现的管理目标，以待后期对管理做出方向上的明确与调整，并最终达到预定目标。

（二）高校教育管理过程的主要特征

目的性、有序性、可控性是一般管理过程的特征，而高校教育管理过程除了一般管理过程的特征，还有以下三个独有的特点：

1. 高校教育的管理过程，是一个高校教育管理工作者与大学生双向互动的能动过程

对高校学生的管理工作是相对复杂的，在高校教育管理过程中，管理者是具有主导性作用的，被管理者则是管理过程中的主体，两者都应发挥作用，努力达成统一。另外，管理者和被管理者积极发挥主观能动性，两者相互影响、相互互动的过程就是高校教育管理的过程。管理者要对被管理者有一个

清楚的认知并进行恰当的塑造，而被管理者对管理者的管理举措要有一个正确的理解，遵循管理者的管理指导，对自己的行为进行约束与管理，达到自我教育的效果，从而对管理和自我管理做一个很好的融合，如果被管理者能够很好地接受管理者所传达的思想观念和行为规范，并将其纳入自身的思想品德结构中，那么这种思想纳入可以"内化"成支配和控制自身思想和情感行为的内在力量，帮助被管理者实现由"管"到"理"，由"他律"到"自律"的飞跃。

2. 高校教育管理过程，是有效利用学校的各种资源，为大学生成长成才提供指导和服务的过程

高校教育管理的目标是为社会不断培养和输出合格的专业人才，高校教育管理若要发挥其最大的效益，就要在高校教育管理过程中对各种资源进行合理的分配与使用，从而帮助人才的成长和发展；另外，还要将各种基本的管理要素，如，人、财、物、时间等协调运转起来，继而为高校学生的成长与发展提供行之有效的指导。

3. 高校教育管理过程是与大学生教育过程紧密结合，保证教育目标顺利实现的过程

当今的高校学生的特性之一就是思维活跃，在高校教育管理的过程中，要避免伤害高校学生较强的自我意识和自尊意识，所以，这就要求管理者在管理过程中注意管教结合，以实现教育目标为前提，做到管中寓教，教中有管。管理者在管教的过程中还应注意多多提升自身的管理能力，争取在管理沟通工作中做到寓情于理，从而能使高校学生在管理过程中受到启发和教育，并逐渐内化至自身的思想结构，这样，受管理过程的长期影响，作为被管理者的高校学生，会将内化的思想观念和行为准则转化为自己外在的行为，从而实现由"内化"到"外化"，由"他律"到"自律"，再到"自为"的飞跃。

（三）高校教育管理过程的重要环节

决策、计划、组织是高校教育管理过程的主要环节，它们之间相互区别，又联系紧密。

1. 高校教育管理的决策环节

高校教育管理决策，是高校教育管理工作者为了达到一定的目标，在掌握充分信息和对有关情况进行深刻分析的基础上，运用科学的方法，从两个以上的可行性方案中选择一个合理方案的分析判断过程。高校教育管理决策的过程共包含以下四个方面：

（1）研究现状。没有问题就不需要决策，所以决策存在的前提条件是有问题需要解决。因此，在制定决策之前，一定要对高校教育管理过程中是否存在问题进行了解与解析，确定了问题的存在，要分析其是属于何种性质的问题，并将问题延展开，分析此类问题是否已经对高校学生的学习和生活、高校自身的建设和发展、社会的发展等产生了负面影响，由此作为依据而决定是否对此制定决策，这些问题同时还是决策的起点。高校教育管理过程中，高校高层的管理人员应积极发挥主观能动性，对学生在校园内的生活给予充分的关注，运用自身的职能把握全局，从而找出问题的关键。

（2）确立目标。高校学生在高校学习、生活，对自己专业技能的培养和提升以及未来毕业后进行就业与创业时，会面临很多的问题和挑战，我们要在此基础上做出分析，并且更进一步地研究这些高校学生在面临这些可能出现的问题时，应采取何种措施，达到怎样的效果，换言之，要明确决策目标。

第一，决策目标确立的作用。决策目标的确立有以下六个方面的作用：①明确学校内部的各种目标的一致性，只有目标一致，工作才能够很好地开展下去，也有利于高校和学生的健康发展；②明确高校教育管理工作的方向，高校在进行教育管理的资源调配过程中，就可以将决策目标作为依据，顺利地开展管理工作；③对学校内各方面的良好氛围的形成与培养有着重要的作用。高校学生在高校内的学习和生活会持续很长一段时间，因此能够为学生提供和促成一种井然有序的学习、生活秩序至关重要，决策目标的确立可以促进形成这种普遍的思想状态和生活氛围；④可以有效地帮助识别是否和学校目标保持一致的学生群体，对和学校决策目标保持一致的学生而言，决策目标的确立和实行可以有效地帮助他们形成良好的学习实践活动和生活核心，对和学校决策目标不太一致的学生来说，决策目标的确立和实行也为阻止学生的不良活动提供了一种解释；⑤可以帮助学校将目标细化并转化成一种分工结构，即促进学校总目标和不同阶段目标的分工结构的形成，这也有利于学校内部将任务分配到各个责任点上；⑥对组织预算和控制各项活动的成本、时间和成效都有很大的帮助，用这种可预估和可控制的方式有助于提供一份组织目标和把这种总目标转化为分阶段目标的详细说明。

第二，决策目标确立需要准备的工作：①提出目标。想要确立决策目标，必须先提出目标。上限目标，即理想目标；下限目标，即必须实现的目标。②明确目标的多重性与互斥性。高校教育管理的目标具有多重性，要明确多元目标之间的关系，对于不同年级、不同专业的学生而言，目标的侧重是不同的，一般决策只能在特定时期选择一项作为主要目标。多元目标有联系性也具有互斥性，如，对面临着毕业的高校班而言，考研究生、考公务员以及求职之间联系紧密，但互斥性明显。所以，确立主要目标与次要目标之后，更要明确它们之间的关系，这样才能将全副身心投入主要目标活动里去，避免因小失大。③对目标进行限定。不同目标的设立给高校和学生带来的是不同的结果，有利目标的执行，会帮助高校和学生产生有利的成果；不利目标的执行，则很大程度上带来不良的后果，所以高校要平衡这两者之间的关系，对目标加以限定，规定一个程度与范围，在范围内的活动都是被允许的，一旦超出则对计划与目标进行活动终止。一般而言，有三个基本特征的目标可供衡量和把握，即能够计量、规定期限和确定责任人。

（3）拟定决策方案。选择是在拟定决策方案时的关键，只有提供的可选择方案越多，才能更易做出正确的选择。只有通过举办多种多样的活动，才能对目标有一个很好的实现，因此，需要拟出多个决策方案来帮助目标的实现。决策目标的成功实现往往伴随着众多的决策方案的实行，因为对于管理者而言，若行事方法只有一种，那么这一种方法极有可能是错误的，这就要求管理者思考多种优良方案。

（4）比较与选择。方案进行拟定以后，就需要对方案的优劣进行评价和比较，进而做出考虑和选择。一般而言，会通过三方面因素来进行选择：首先，要检查方案的实施条件是否完备，同时预算方案成本；其次，若方案实施成功，可以为高校和学生带来怎样的短期利益与长期利益；最后，要提前预测方案实施过程中可能遇见的各种问题和困难，从而预估方案实施成功的概率有多大。在将所有的方案通过以上三类要素进行评估之后，得出的差异化结果可以帮助我们分析每个方案的优势和劣势，帮助我们更好地选择。在明确方案优劣后的选择，不仅可以让方案的优势得以发挥，还可以对方案中的劣势环节进行充分的准备与解决，并同时预备好应急策略以面对突发情况，从而避免不必要的损失。

2. 高校教育管理的计划环节

高校教育管理计划就是在决策既定目标的前提下，进一步根据实际情况，科学地、及时地预计和制定为达到一定的目标的未来行动方案。具体而言，就是通过将学校在一定时间内的活动任务分解给学生管理的每个部门、环节和个人，从而不仅为这些部门、环节和个人的工作，以及活动的检查与控制提供依据，而且为决策目标的实现提供组织保证。

（1）高校教育管理计划的制定。一般而言，高校教育管理计划的制定可以遵循以下四个步骤：

第一，收集资料，为计划的制定提供依据。由于计划多种多样，所以进行计划制定的时候，一定离不开专业和不同年级高校学生的资源配合与执行，所以计划制订者在制订计划的时候，需要搜集多专业、多年级的高校学生的活动能力及外部资源的资料，为计划者制订计划提供合理有效的依据。

第二，目标或任务分解。依据决策总目标，进行阶段性目标分解实现的分工结构，有助于将长期目标细化成阶段性的目标，从而将阶段性的目标落实进各个部门、各个活动环节，有效地明确每个阶段性目标的责任，促进工作的良好开展。目标或任务分解的主要目的还是促进学校形成良好的目标结构，即目标的时间结构和目标的空间结构。依据目标结构，高校目标可以分为较高层次的目标与较低层级的目标，较高层次的目标一般而言是总体目标和长期目标，而较低层次的目标一般而言是部门、环节和各阶段目标，目标结构就是描述了这两者之间相互指导与保证的关系。

第三，目标结构分析。目标结构分析主要是研究高校较低层次目标（高校各阶段目标）对较高层次目标（高校长期目标）的保证能否落实，这点对高校教育管理计划的制订十分重要。高校各部分、各阶段目标的达成，是促使整体目标实现的必要条件。高校若在阶段目标的实现过程中发现某个或某些具体的目标无法达成，就要考虑采取相关的补救措施，以促进整体目标的达成，若出现具体目标无法补救的情况，就需要考虑对较高层次目标进行相关调整和修订了。

第四，综合平衡。高校教育管理计划的制订还应注意综合平衡的工作：①平衡工作一般分为时间平衡和空间平衡，即与决策目标结构对应的学校各部分在各时期的任务是否相互协调和衔接；分析学校各阶段任务是否相互衔接，以保证学校活动能够顺利进行的工作，是时间平衡方面的工作；分析学校各阶段、各部分任务之间是否协调，以保证学校整体性活动能够相互进行的工作，是空间平衡方面的工作。②高校活动是否能够顺利进行与高校对其的资源供应有着密不可分的关系。高校活动的进行和实施离不开高校的资源供应，能够在恰当的时间为活动筹集到足够的物资，保证活动的顺利举行和持续性开展，是综合平衡工作中的一部分。

（2）高校教育管理计划的执行。高校教育管理计划制订之后，就要对制订的计划进行执行，若没有执行的步骤，任何计划都是空谈。在高校教育管理计划的执行过程中，高校管理者和高校学生是计划执行的主要力量，计划的执行过程中是否能够保质保量，是否能够圆满完成，很大程度上取决于执行者，即高校教育管理者和高校学生，在计划执行过程中是否积极发挥了主观能动性。

（3）高校教育管理计划的调整。任何计划执行的过程，都不是一成不变的过程。计划制订后进行执行的期间，时常会有实际情况的变动，而此时执行者就需要根据实际情况对计划的执行做出最恰当的调整。另外，不仅是客观因素的影响，随着时间的推移，执行者的认知也会发生不断改变，对计划的实时调整，有助于执行者对计划更好地执行，从而呈现出最好的计划成效。

高校教育管理计划同样需要执行者根据实际情况进行不断地恰当调整。滚动计划就是能够符合高校教育管理计划调整的一种现代计划方法，它的特点便是可以在计划执行过程中根据实际情况的相应变化而对计划做出实时恰当的调整。这种方法根据计划的执行情况和环境变化情况定期修订未来的计划，并逐期向前移动，使短期计划、中期计划有机结合起来。一般计划的制订是符合当时条件下的最恰当的内容，但随着时间的推移与发展，很多因素都会随之变化发展。计划工作的难点之一就是很难从开始就全盘预估到后来的情况，并且随着计划的延长，工作中的变化和不确定性因素会逐渐加剧，如果仍然按照过时的计划开展工作，肯定会带来不可预估的损失和不良后果。滚动计划的采用就很好规避了这种不确定性带来的不良后果。

滚动计划的基本做法放到高校教育管理计划执行的过程中来，就是高校先制订好一个时期的计划，然后执行者在计划的执行过程中，要注意高校内外因素的变化，并根据这些变化对计划加以修正，使计划不断地延伸和发展，滚动向前。一般而言，长期计划在执行过程中，所面临的执行环境是非常复杂的，因素变动也是最多的，所以滚动计划方法更多的是在长期计划中的应用，通常是对长期计划进行的修正和调整。如，滚动计划可以根据高校内外条件因素的变化和计划实际的开展情况，来进行适时恰当的修整，从而促进一个为高校各部门、各阶段活动做导向的长期计划的形成。当然，这种计划方式也不是完全绝对的，也是可以应用到短期计划工作中的，如，年度和季度计划的制订和修正。

二、高校教育的管理特点

（一）突出的教育功能

高等学校的人才培养工作离不开高校教育管理，高校教育管理除了管理的属性外，还有鲜明的教育属性。

1. 高校教育管理的目标服从和服务于大学生教育的目标

高校的教育管理是为了实现预定的教育目标。大学生踏入大学校门的目的就是接受教育，高校如何通过高校教育管理来实现大学育人目标，是高校管理者必须思考的问题，高校教育管理必须以大学生圆满完成预定学习目标为服务基础，制定出可以促进大学生德智体美全面发展的管理措施，完成不断地为社会输送人才的目标。高校教育管理与大学生教育目标的关系是，高校教育管理是手段，大学生教育目标是手段实施的依据。具体而言，有两个方面：首先，大学生教育目标的实现离不开高校管理目标的实现。有效且高效的教育管理，才能为大学生学习提供各种便利和服务，才能积极调动大学生的主观能动性，保证教学活动正常进行和学生的全面成长。其次，高校教育管理的目标要以大学生教育的目标为实施依据。因为大学生教育目标的实施和贯彻，也就是高校管理目标在高校管理活动中的反映和体现，高校教育管理目标包括大学生教育目标，是高校教育管理目标之一。高校教育管理目标和大学生教育目标的统一，保证了高校教育管理的正确方向。

2. 教育方法在高校管理方法体系中具有突出的作用

高校教育管理活动应该要以现代管理活动中最常见的教育方法为基础手段，提高高校教育管理的实施成效。而高校教育管理是在组织活动中实现的，组织活动离不开人的参与，而人是有思想的动物，其思想意识支配且影响着人的种种活动，所以一切管理互动都是以人为基础运行的，只有做好人的思想工作，以思想领先为原则影响他人，才可以引导和制约人们的各种活动。放到高校教育管理活动中来，就是通过对学生进行不断的思想道德教育来促使高校教育管理中的法律方法、行政方法和经济方法卓有成效地实施。

3. 高校教育管理过程同时也是教育大学生的过程

高校教育管理是对大学生进行指导和管理，蕴含着丰富的教育因素，高校教育管理的过程会直接影响大学生德智体美的发展，因此，作为向社会培养和输出人才的高等学校，其管理工作的实施，一定要对学生产生积极的影响。要以以人为本、公正和谐的理念为基础，倡导从实际出发、遵循教育规律和管理规律、实事求是的科学精神，运用民主管理、依法管理、科学管理的手段，潜移默化地影响和教育学生。只有这样，高校教育管理制定的各项规章制度才能对大学生起到思想引导和规范行为的作用，需要注意的是，高校教育管理者在管理过程中的情感、态度和言行对大学生也有着不可估量的影响，因此，高校教育管理者在管理过程中也应注意自己的一言一行，努力成为正面积极的表率与模范。

（二）鲜明的价值导向

高等学校是为社会培养和输送人才的基地，所以，高校教育管理至关重要。社会经济基础和意识形态等方面对高校教育管理的目的、管理体制和管理形式是具有制约作用的，因此要注意高校教育管理对大学生价值观形成、变化和发展的巨大影响。作为向全社会输送人才的高等学校，高校教育管理对人才的价值导向影响力巨大，如何为国家建设事业培养专业人才，是我国高校教育管理的一项重要课题。

1. 高校教育管理的价值导向集中体现在管理目标中

人类实践活动的基本特征是目的性。人的实践活动总是体现一定的价值观念，在实践对象的属性和一定需求及其变化趋势的基础之上做出认知判断，是人实践活动目的的基本内容和活动特性，高校教育管理的目的和人实践活动的目的相同。实际上，大学生价值观的形成和发展离不开高校教育管理的引导和促进，高校教育管理的每个举措都影响着大学生的一言一行，从整个高校教育管理系统中而言，价值观的确定和设计，是高校教育管理目的实行与运作的根基，所以我国高校教育管理的实行，要遵从我国核心价值体系的要求。

以高校教育管理的重要目标为例，即建设并维护学生良好的教育教学和生活秩序。其中，"有序"的价值观就在这一目标的执行下，得到了良好的实行与发展，很好地推动与培养了大学生"有序"价值观的形成。同时，对大学生人才的培养是大学生教育以及高校教育管理的首要问题，如何培养、培养目的、培养效果等内容都蕴含着一定的价值观念和价值追求，包含这些内容的高校教育管理就是大学生教育的重点环节。

2. 高校教育管理的价值导向突出体现在管理理念中

作为高校教育管理指导思想的高校教育管理理念，对高校教育管理的原则和方法有着直接的制约作用，是对社会先进价值观的具体贯彻，对社会价值体系的鲜明体现。例如，我国以人为本的价值观，体现到高校教育管理中就是全面贯彻关心人、尊重人、依靠人、发展人、为了人的以人为本的理念，潜移默化地积极地作用于大学生价值观的形成和发展。

3. 高校教育管理的价值导向具体体现在管理制度中

高校教育管理若想要实现规范化、制度化和法制化，其基本保证和主要标志就是制定科学又严谨的规章制度，这是高校教育管理能够顺利实施的基本手段。管理规章制度的制定离不开价值观念的指导和影响，对大学生的价值观产生着巨大影响。具体而言，可以对大学生的行为进行一系列的要求，制度中可写明具体的行为规范，例如，对大学生哪些行为进行勉励和倡导，对大学生哪些行为必须强烈反对和禁止；对大学生哪些表现做出奖励和表扬，对大学生哪些表现做出谴责和惩罚等。

（三）复杂的系统工程

高校教育管理是一项十分系统的工程，高校教育管理与任何管理活动的相同点体现在其整体性、层次性、动态性和开放性上，而异同点在于，高校教育管理活动具有其复杂性。

1. 高校教育管理的任务是多变的

高校学生的专业学习和日常生活属于高校教育管理的内容，高校教育管理对大学生各方面、各环节的培养和管理是任重而道远的，有其特有的复杂性。高校教育管理在实施的过程中，不仅要注意高校学生中心任务的顺利实行，即对学生学习行为和实践活动的管理和引导，还要注意从高校学生健康成长的角度出发，对诸如学生间交际行为、消费行为、网络行为等高校学生的日常行为进行管理和引导，通过以上工作对学生的异常行为进行早发现、早校正和早处理，以保证高校学生的健康成长。具体而言，一般可分为以下四个方面：

（1）对大学生现实群体与虚拟群体的管理与引导。随着现代科技的不断发展，社交应用媒体的更新频繁，高校学生个性的不同会导致其活跃在不同的网络社群，所以从实际出发，不仅要对高校学生现实群体如学生班级、学生党团组织及学生社区和生活园区的管理和指导，还要对高校学生依据网络平台形成的虚拟群体报以持续的关注与管理。

（2）高校学生校内外的安全都要进行关注与管理。高校学生的学习生活不止会在校内进行，校外也是其活动的重要组成区域，因此在高校教育管理工作中，不仅要对学生校园内的生活进行合理的引导和管理，还要对校园外的生活进行持续的关注和督促。

（3）开展高校教育管理工作的过程中，要全面地考虑学生的具体情况。不仅要关注可以调动全体学生学习积极性的奖学金评定工作，还要关注家庭困难学生的资助工作，双管齐下，才能保证高校学生学业的顺利完成以及学生心理的健康发展。

（4）针对新生与毕业生的不同情况，高校要运用学校的资源提供不同的指导和服务。针对新生，高校教育管理要及时帮助新生明确未来要实现的具体目标，制定合理且科学的职业生涯规划，推动学生对高校生活的合理安排，为其未来发展打下良好的根基。针对毕业生，要及时地为其提供就业与创业方面的信息，进行积极的服务与指导，促使学生能够快速地从学生身份向社会工作者的身份转变，最大化地实现自身价值。

2. 高校学生具有明显差异和个性

随着现代社会科技的进步，网络时代背景下，高校学生是处于一个信息量很大的现状中的，信息的海量和易得以及自我意识的觉醒和增强，使持续受信息浸染的学生拥有了不同的精神世界和思想感情，每个人都有其特性。具体到班级单位，学生们的年级和专业都是相同的，但班级内的每个学生都有着鲜明的个人特质，如气质、性格、兴趣和习惯等。另外，一方面，高校学生来自全国各地，不同的生活经历和生活条件会使他们的思想行为方面有比较明显的差异；另一方面，大学生崇尚个性的特质会使他们对自身个性的发展和完善有着较强的追求，这也导致了大学生个体之间的明显差异。学生是高校教育管理的对象，高校学生个体间是有显著差异的，高校教育管理对学生这种个人特质的遵循是有效地开展高校教育管理工作的前提。在这个前提下，高校教育管理对学生实行的因人制宜与因势利导的针对性工作，就具有了其特定的复杂性。

3. 高校学生成长的因素是复杂的

高校教育管理的目的是为社会培养和输送高校人才，而高校人才如何能够健康成长，是高校教育管理的重中之重。在现实生活中，影响高校学生学习生活的因素多种多样，不止有学校内部的教育生活因素，外部环境因素的影响也不可忽略。由于外部环境的构成因素非常复杂，因此，高校教育管理的应对也呈现出相应的复杂化。环境因素往往会通过学生的学习生活活动、人际交往等方面，对学生的成长产生不可忽视的影响和作用。其中，涉及了多种多样的环境因素：①历史和现实的因素；②自然和社会的因素；③物质和精神的因素；④国际和国内的因素；⑤家庭和学校周边社区的因素。

尤其在现代科技与信息飞速发展的大背景下，全球一体化趋势越来越明显；世界各国联系紧密，学生对世界各地信息的获取变得越来越容易，这些信息对学生思想和精神的影响也越发深远。以上各种环境因素的综合下，学生受到的影响是复杂而广泛的。

第三节　高校教育的管理价值与创新

一、高校教育的管理价值

高等学校是为社会输出高等人才的基地，因此如何促进学生健康发展是高校教育管理的重点，而高校教育管理工作的良好开展，对推动社会的进步、促进高等学校的可持续发展和提高大学生个体的成才都具有重大意义。

价值属于经济学范畴用词，商品生产的出现导致了价值概念的产生，凝结在商品中无差别的人类劳动就是经济学中价值的概念。随着社会的发展与科技的进步，价值的范畴进一步扩展，在道德、科技、教育和管理等各个领域中都得到了广泛而充分的应用与发展，逐渐成为人们评价一切事物的一般标准。由此可见，价值又在哲学意义上做了引申。客体对于主体的作用和意义是对客体的属性和功能与主体的需要之间的特殊关系的体现，即客体属性和功能对主体需要的满足关系。

此处价值又在一个关系范畴之中，主客体的存在是其存在的必要条件，具体可分为两方面：①主体的需要对价值的衡量上具有重大意义，是衡量价值的标尺，判断事物或对象是否具有价值，也需要看该事物或对象是否可以满足主体的需要，由此可见，价值离不开主体；②客体的属性和功能是价值的载体，价值的实质，也就是客体的属性和功能对主体需要的满足，由此可见，价值同样离不开客体。

作为社会输出人才的高等学校，高校教育管理的意义重大，它本身的属性和功能既满足了大学生成才的需求，又满足了社会进步的需求，同时也满足了高等学校自身发展的需求，由此可见，高校教育管理也具有较高的价值。关系范畴的价值主客体缺一不可，具体到高校教育管理的价值，其主体就是社会、高等学校和大学生，客体就是高校教育管理本身。

第一，作为客体的高校教育管理本身。高校是为社会输送各种各样人才的基地，高校教育管理对人才的形成、培养和成长都具有极大的推动作用，而对高等学校来说，高校教育管理的好坏，也直接影响着高等学校的发展，高校教育管理做得优秀，为社会输送的优秀人才增多，高等学校的知名度从而加大，所以对高等学校的未来发展可以说是一个正向的反哺，所以，高校教育管理的价值是建立在高校教育管理本身的属性和功能上的。

第二，作为主体的社会、高等学校和大学生。高校教育管理的最终目的是为社会输送合格的人才，高等学校是高校教育管理的实施者，大学生是高校教育管理的管理对象，社会是检验高校教育管理成果的重要场所。综上所述，高校教育管理的价值就体现在其属性和功能对社会、高校和大学生需要的满足上。

（一）高校教育管理价值的特性

1. 直接性与间接性

作为高校教育管理价值的主体，即社会、高等学校和大学生，这些不同的主体受高校教育管理的作用方式不同，有直接作用和间接作用之分，即高校教育管理价值有直接性和间接性两个方面：①高校教育管理价值的直接性，是指没有中介环节，高校教育管理能够直接满足价值主体的需要。通常而言，高校教育管理能够直接地产生作用与影响的价值主体是高校大学生，即高等教育管理的实施是直接作用于学生个体的。②高校教育管理价值的间接性，是指需要通过中介环节，高校教育管理才能满足价值主体的需要。通常而言，高校教育管理通过对大学生的影响，才能间接影响到社会的发展。

2. 即时性与积累性

高校教育管理价值的实现是需要一个过程的，满足价值主体需要的过程时间长短不一，所以高校教育管理价值可以说同时具有即时性和积累性两个特征。短时间内，价值主体能够从高校教育管理处得到很好的满足，即高校教育管理价值具有即时性。例如，针对家庭经济困难的学生，及时办理相应的助学贷款，从而能够让他们安心地在大学进行学习与生活。若想达到高校教育管理价值的工作目标，需要对高校教育管理工作进行不断的积累，工作积累是一个长期的过程，即高校教育管理价值具有积累性。又如，为学生提供一个教学有序的环境，从而推动大学生的良好发展。

3. 受制性与扩展性

因为高校教育管理是直接面向大学生实施的，大学生在学习和工作中会受到多种多样因素的影响，因而高校教育管理价值也会受到多重因素的影响，高校教育管理价值的受制性就表现在此，其可以大致分为正反两方面的影响：①当影响大学生的因素与高校教育管理作用的方向一致时，高校教育管理更容易发挥成效，高校教育管理的价值更易实现；②当影响大学生的因素与高校教育管理作用的方向相反时，高校教育管理的成效就会受到负面的影响，其价值就会难以实现。

以上分析的是各种因素对大学生的影响与作用，高校教育管理价值的扩展性所讲的内容正好与之相反，是指高校教育管理可以通过直接影响大学生的一言一行，从而间接影响外部环境与因素，从而扩展了高校教育管理自身的价值。例如，高校教育管理对科技创新的倡导，会直接影响与激励学生参与到科技创新的活动中去，从而间接影响到学校有关科技创新方面的发展，再进一步提高学生科技创新的能力和水平。

4. 系统性与开放性

高校教育管理价值是由多种角度和多种类别构成的有机整体，具有较强的系统性，此处可以将高校教育管理价值按照各种不同的角度来进行分类，多方面解读高校教育管理价值的系统性。

（1）按主体分类。按主体分类可以分为社会价值、高校集体价值和个体价值。社会价值体现在高校教育管理对社会运行与发展的作用；高校集体价值体现在高校教育管理对高校自身持续性发展的作用；个体价值体现在高校教育管理对大学生个体的培养和长远发展的作用。

（2）按形式分类。按形式分类可以分为理想价值和现实价值。理想价值是高校教育管理不受任何因素影响，以最理想的状态实施运作，最终实现最终价值的状态，而现实中往往有各种各样的影响与阻碍，现实价值是在现实条件下正在实现或者已经实现的价值状态。

（3）按价值高低分类。按价值高低分类可以分为高价值和低价值。高校教育管理价值是具有开放性的。随着价值主体和高校教育管理功能的变化与发展，高校教育管理的价值也会随之发展。社会发展日新月异，作为高校教育管理服务对象的大学生也在不断发生新的变化，服务对象的改变必然会导致高校教育管理的相应改变，以期适应于管理对象，扩展管理的价值。例如，信息时代的到来，计算机网络对学生的影响越来越深，面对这种新情况，高校教育管理要及时关注并规范大学生网络的使用，从而跟进高校教育管理在网络中的价值扩展。

（二）高校教育管理价值的内容

高校教育管理通过培养与输送合格的高等人才作用于社会，虽然形式是间接的，但其社会价值对社会的影响仍然是广泛而深远的。高校教育管理价值的内容主要包括以下方面：

1. 培养合格人才的重要手段

随着社会的发展，对人才的需求尤其对高素质人才的需求越来越多，作为需要不断向社会输出人才的高等学校责任重大，高校教育管理的中心任务具体体现为：为社会培养出一批又一批的专业人才，从而促进社会的进步与发展。高校教育管理在高校培养人才的过程中扮演了重要的角色，是高校培养人才的重要手段，意义重大。

（1）维护正常的教育教学秩序。高校规章制度的实行可以帮助高校教学活动良好有序的展开，高校教育管理对高校教育教学秩序的维护是高校有效开展教学的保障。具体实行中，高校教育管理可大致分为以下方面：

第一，高校教育管理要按照一定的制度对学生的学籍进行严格的管理。对学生的入学与注册、课程和各种教育环节的考核与成绩记载、转专业与转学、休学与复学、退学、毕业与结业等各项工作做到明了和有序，帮助高等学校建立正常的教学秩序，从而使其能够顺利地开展各项教育工作。

第二，具体到学生群体，高校教育管理要对学生群体进行系统又全面的学习管理，从而对学生形成一种正向的督促与激励，如，规范学生行为、督促学生遵守纪律等，对良好学风的养成和教育教学秩序的正常建立十分有利。

　　第三，高校教育管理对学生团体的管理和引导，对建立正常的教育教学秩序具在很强的促进性。综上所述，高校正常的教育教学秩序的建立是离不开高校教育管理的。

　　（2）激励、指导和保障学生的学习行为。教学虽然是组合在一起的词语，但"教"与"学"是两种不同的概念。从"教"与"学"中可以明显看出这是两种动作，代表着教师和学生的双向互动，因此，教学过程中的"教"与"学"也是辩证统一的。在"教"与"学"的过程中，前者是主导，后者是关键。对于大学生而言，学习是其主要任务，能否完成学习任务关系着大学生能否成为一个合格的人才，在这种情况下，高校教育管理就扮演着激励、指导和保障其顺利完成学业的重要角色。

　　第一，激励作用。高校教育管理可以引导学生对学习的意义产生正确的认知，让学生明白学习是实现其自身价值的重要途径，学习目的的明确也可以调动学生学习的主观能动性；奖学金和荣誉称号的设置，对优秀学生的表彰等行为，也可以激励学生全身心地投入学习中；在大学学习中引入竞争机制，组织各种具有竞争性的学习赛事，同样可以调动学生学习的积极性。

　　第二，指导作用。新生入学以后，高校教育管理可以引导学生熟悉大学教育环境与内容，使他们能够尽快把握大学阶段的学习特点和要求，尽快从被动性学习转向主动性学习；在大学学习的过程中，高校教育管理要引导学生及时发掘自身特点，根据社会实际的需要制定适合自身的职业规划，后期督促学生根据自身的职业方向明确学习目标，进而进行有计划有目标的学习；学生明确学习目标和规划后，良好学习方法的把握也是十分重要的，高校教育管理应给予学生一定指导，促使学生良好学习习惯的养成，进而快速提升自身的学习；在高校进行学习时，大学生社会实践活动的开展也是促进大学生学习必不可少的一项内容，大学生不仅要掌握专业的理论知识，对专业理论知识的实践也是学习过程中的重要一环，在实践中对专业理论知识的理解和应用有助于大学生自身专业技能的加强与提升。

第三，保障作用。高校学生来自全国各地，每个学生的家庭经济状况都不相同，高校教育管理应切合实际，加强资助管理，对家庭经济困难的学生切实做好助学贷款和助学金的发放，并对学生的勤工助学活动做必要的指导，从而帮助学生顺利完成学业。大学生的心理健康也是高校教育管理需要关注的一个方面，对学生进行及时的心理辅导，帮助学生缓解并逐渐克服学业焦虑，可以有效地帮助高校学生建立正常的学习与生活秩序。

（3）培养学生的思想品德。随着社会的发展，不仅对人才专业技能的要求越来越严格，对人才的思想品德和能力素养方面也同样开始着重关注起来，所以，一个符合社会需求的人才必然要德才兼备。在大学生接受高等学校的教育过程中，不仅要对其进行深入细致的思想教育，还要以高校教育管理为辅助，督促大学生以良好思想品德为思想基础的行为习惯的养成，持续地规范大学生行为，促使大学生由他律转向自律。

现实情况中，大学生各个方面的发展都还未成熟与稳定，且每个学生的个性全不相同，再加上思想基础上的不同，大学生接受思想教育的意愿就显示出了一定的差异，因此，大学生在自律方面尚有欠缺且存在不同程度的差异。若要提高高校学生的自理、自律水平，加强高校学生遵循社会规范的自觉性，促进高校学生良好行为习惯的养成，就需要以思想政治教育为主，以高校教育管理为辅，最大限度地推动学生自理、自律能力的提升。

高校可以利用高校教育管理功能，切合实际情况制定科学有效的规章制度。各项规章制度的严格执行，不仅对学生的行为管理和纪律约束产生强化作用，还可以使大学生的学习和生活都处于一种良好有序的状态，最大化地提升大学生思想政治教育的成效。

2.构建和谐社会的内在要求

（1）高校教育管理是维护社会稳定、实现社会安定有序的重要保证。高校是高等人才的培养基地，是不断为社会做着人才输出工作的，从高校输入社会的人才直接影响着社会是否能够稳定有序的发展，因此，社会稳定的重要方面就是高校的稳定，而高校能否稳定，高校学生是关键。高校学生的思想尚未成熟，呈现出明显的矛盾性。例如，高校学生普遍关注国家发展情况，对时事也有一定的了解，崇尚自由与民主，对政治方面也有较强的参与意识，但相对而言，他们的社会生活经验匮乏，不具有良好的辨别力，因此对社会上的不良思潮的抵抗力较弱。另外，高校学生年纪较轻，生活阅历较少，情感共鸣能力较强，这种特性使高校学生形成了热情勇敢的个性，但相对而言，更易冲动，丢失理性。大学生群集于高校校园内，若高校教育管理不能进行有效的干预与引导，一些不良的信息和倾向很快会在学生群体中扩散，不利于大学生自身发展的同时还会对社会造成不可预估的影响。综上所述，高校教育管理若能够正确地引导高校学生的思想、学习和生活，及时处理学生间的突发事件，妥善解决学生在高校生活中的各种问题，就能有效地促进高校的稳定，继而会对社会的安定有序产生积极的作用与影响。

（2）高校教育管理是构建和谐校园的重要手段。高等学校是现代社会中不可或缺的重要社会组织，担负着培养人才、推进科技进步、传播先进文化的重要任务。构建和谐校园，是构建和谐社会的重要组成部分，也是推进高等学校科学发展的内在要求。

第一，加强高校教育管理，引导和组织大学生积极发挥在和谐校园建设中的主体作用，是构建和谐校园的重要保证。

第二，加强高校教育管理，建立和完善学生参与民主管理的组织形式，引导、支持和组织学生依法参与学校的民主管理和实行自主管理，切实维护和保障学生在校期间享有的权利，引导和督促学生全面履行义务，自觉遵守国家法律和学校管理制度，能够有力地推进高等学校的民主建设。

第三，加强高校教育管理，妥善地协调学生与学校、学生与教师之间的关系，维护学生的正当利益，实事求是地评价学生的思想品德和学业成绩，公正地实施奖励和处分，正确地处理学生中的各种矛盾和问题，可以使公平正义在校园中得到弘扬。

第四，加强高校教育管理，督促学生在学习考试、科学研究、人际交往和日常生活中坚持诚实守信，引导学生尊敬师长，友爱同学，团结互助，才能在校园中形成诚信友爱的良好风气。

第五，通过高校教育管理，充分调动学生的积极性和创造性，围绕专业学习，开展丰富多彩的社团活动和社会实践活动，鼓励、组织和支持学生开展科学研究、进行创造发明、尝试创业活动，才能使校园真正充满活力。

第六，通过高校教育管理，建立和维护学校正常的教育教学秩序和生活秩序，加强学生的安全教育和管理，保障学生的身心健康，有效地预防和妥善地处理学生中的突发事件，努力建设平安校园，才能使校园实现安定有序。

第七，通过高校教育管理，引导和督促学生自觉维护校园环境，节约使用水、电等各种资源，才能使校园成为人与自然和谐共处的生态校园。

（3）高校教育管理是促进高校学生集体和谐发展的重要手段。高校学生的班级、学生会、社团等都是高校学生在高校内团体生活的主要表现形式，这些团体活动包含了学习和生活等各方面的因素，对高校学生的思想有着直接而有力地影响。高校学生集体的和谐发展，不仅可以促进学生个人的健康成长，对高等学校内部的和谐稳定也有积极地影响和作用。

高校教育管理可以有效地规范大学生的集体活动，对大学生集体活动的和谐发展意义重大，以下通过三个方面进行具体阐释：

第一，高校教育管理可以指导高校学生集体自觉遵循学校规章制度，以高校人才培养和学生自身发展为中心，开展多样的集体活动，有效地发挥高校学生的主观能动性，促进高校学生集体发展和学校发展统一。

第二，高校教育管理可以增强高校学生的集体建设，即思想建设、组织建设、制度建设和作风建设等，加强高校学生间的团结互助和沟通交流，促进个体的良好发展。

第三，高校教育管理可以规范高校学生集体的秩序，正确处理各类集体之间的关系，在面对大的活动的时候，高校各学生集体间要加强沟通，争取互相之间的协调配合与支持，使大学生形成自我教育与管理的合力，促进高校内各学生集体的团结互助与和谐发展。

二、高校教育的管理创新

随着信息技术的快速发展，我国教育事业开始广泛应用大数据技术，大数据给高校教育管理工作也带来了很大的发展机遇。下面以大数据下的高校教育管理创新为例进行分析。

（一）高校教育的学生管理创新

1. 高校教育中的学生事务管理

（1）学生事务管理内涵

"学生事务"与"学术事务"相对应，是指高等学校中与学生相关，但在正规教学活动之外的非学术性事务，如，学生的课外活动、宿舍生活，乃至心理咨询、招生就业指导等。"学生事务管理"就是高校对上述学生事务的关注、支持和管理。我国的学生工作主要经历了学生思想政治工作阶段—学生思想政治教育阶段—学生教育与学生管理阶段—学生服务和学生事务管理阶段四个发展阶段。当前，高校的学生事务管理大体上包括三个方面：①对学生实施教育。在课堂教学之外，通过组织主题班会、团体心理辅导、心理咨询、个别指导教育等方式间接地塑造大学生的道德和完整人格。②为学生提供服务。通过服务满足大学生在物质和精神上的合理需求，包括为学生提供丰富多彩的交流和实践活动机会，以及学习和公共活动的场所等。③对学生进行必要的管理。在法律允许的条件下，通过成文的规章、制度以及必要的手段、人员来规范学生的行为，维持学校的正常秩序。

（2）学生事务管理的优化

学生事务管理工作在高校的人才培养中发挥着十分重要的作用，高等学校必须在实践中深入探索学生事务管理的新模式，不断推进学生事务管理工作向前发展。当前，在高等教育改革的大背景下，随着我国"双一流"建设进程的持续推进，学生事务管理工作也面临着巨大的挑战。全力推进学生事务管理模式改革，要在实施以发展为导向的学生事务管理模式的基础上，不断开拓学生事务管理工作的新渠道。

第一，以人为本，尊重学生主体性的发展。"以人为本"的理念体现在高校学生事务管理工作中便是"以学生为本"，以学生的成长成才为本。新形势下的学生事务管理工作，要求高等学校必须树立"以人为本"的理念，关注学生个性和主体性的发展。

首先，充分尊重学生。树立"以人为本"的学生事务管理理念，先要充分地尊重学生，尊重学生的人格、尊重学生的选择、尊重学生的个体差异。尊重是教育的起点，尊重学生是学校个性化教育和因材施教的基础与前提。高校的学生事务管理工作要尊重学生个性和主体性的发展，平等地对待学生，尊重和维护学生的正当权益：①尊重学生的主体性。大学生是具有独立人格、独立思想和主观能动性的个体，他们的身心发展已经达到成人水平，能够在适当的环境和情形之下做出恰当的行为，为自己的言行负责。高校的学生工作要尊重学生合理的想法和行为选择，促进学生的主体性发展。②构建民主和谐的师生关系。良好的师生关系对学校的教育教学工作能起到事半功倍的作用。③尊重和维护学生的合法权益。学生具有社会人和学习者的特殊双重身份，应使其享有更多的权利和自由。在具体的学生工作中，高校和教师要更多地站在学生的角度分析问题，不将自己的决定和想法强加给学生，充分尊重和维护学生的正当权益。

其次，为学生提供可选择的教育：①尽可能地为学生增加可选择的机会。为学生提供可选择的机会是学生进行选择的基础和前提，高等学校先要为促进学生的全面发展提供更多的途径和方式，之后要在具体的学生事务管理工作中实施柔性管理；②引导学生主动寻求最适合的发展方式，为自己的发展负责；③鼓励和引导学生独立自主地解决问题。高校的学生工作难免遇到与学生相关的矛盾或问题，在对这些事务的处理中，要坚持以正面引导和教育为主，从理论上帮助学生深刻地认识问题，促使学生能够明辨是非，从而正确地规范学生的行为，使学生正确地选择和调整学习、生活中的需要和问题，获得更好的发展。

第二，以发展为导向，融教育、管理、服务和发展为一体。将"以人为本"作为学生事务管理工作的核心理念，就是要使学生工作以服务于学生成长成才为工作目标，以促进学生主体性发展为工作重点，全面实施以发展为导向的学生事务管理模式。在实际工作中，要将教育、管理、服务和发展融为一体，高校要通过系统的服务体系、规范的服务管理、专业的服务队伍和高效便捷的服务方式，在充分尊重学生主体性发展的基础上，形成研究学生、服务学生、发展学生的良好格局。

第三，创建专业团队，提升专业化水平。所谓专业化，就是要在从事某项工作之前经过系统的专业培训，在培训之后专门从事这项工作，并使专业技能不断得到提高的过程。高校的学生事务管理工作要建设专业的学生工作队伍，构建完善的学生工作体制，走专业化的学生事务管理道路。

首先，建设专业的学生工作团队。学生工作者是从事高校学生事务管理工作的主体，专业的学生工作团队是学生事务管理专业化的基础和保障。高校要着力于建设专业的学生工作团队，注意构建合理的学生工作团队结构、探索学生工作专业技能的提升路径：①构建合理的学生工作团队结构。合理的团队结构能使学生工作事半功倍，学生工作团队的结构包括学生工作者个人素质结构和团队整体的结构。学生工作者个人素质结构包括思想政治品德素质、科学文化素质、综合能力素质和个人的心理素质；团队整体结构包括团队年龄结构、职称结构、专业背景结构等。②探索学生工作者专业技能提升的有效途径。要实现学生事务管理专业化，核心的工作就是要推动学生工作者的职前、入职以及职后教育的一体化，通过多种途径对学生工作者开展心理咨询、职业指导、网络和学生综合服务等专项培训，彻底改变仅是经验总结的培训方式。

其次，构建完善的学生工作体制。影响高校学生事务管理专业化的因素很多，但其中最直接、最重要的因素就是工作体制。体制是管理机构和管理规范的统一体，是一定的管理理念的集中体现。当前，高等教育赖以生存的内外部环境已经发生了重大变化，学生事务管理工作也必须随之进行改革和调整。①建立完善的用人机制，使学生工作部门既能引得进人才又能留得住人才。要遵循"合理流动、动态维稳"的原则，逐步建立并完善选拔、任用、管理和培养相结合的用人机制。同时要在绩效考核、职称评定、岗位待遇等方面建立相应的制度，为学生事务工作者的专业化发展创设良好的内部和外部环境。②构建完善的学生工作管理体制，促进学生事务管理工作的专业化。高校要将学生工作的内容、岗位职责以及专业要求具体化和明确化，加强学生工作管理体制建设。通过专业标准的确定和修正，建立相应的考核指标和评价体系，从而实现学生工作的专业化和规范化。

第四，开拓新渠道，实现管理渠道的多元化。影响高校学生事务管理质量和效率的因素有很多，其中，最为重要的便是学生事务管理的渠道。专业化的学生事务管理模式往往具有多种管理渠道，通过这些渠道和方式，学生可以及时地反馈情况和获得帮助，学生工作人员也可以迅速地做出反应，大幅度提高学生事务管理的效率。

首先，建设先进的校园网络系统，提升管理的效率。信息时代的到来，信息网络已成为现代大学校园生活中至关重要的组成部分。借助先进的网络技术，深度融入学生的日常生活实施学生事务管理工作，是开展高校学生事务管理工作、提高学生事务管理效率的重要渠道之一。①使校园网络成为开展学生思想教育和管理服务的重要手段。高校要全面加强校园网络建设，积极开展生动活泼的网络思想教育活动，形成线上线下一体化的思想教育合力。②使校园网络尽可能地适应学生的需要，方便学生的学习和生活。校园网络系统建设，要统筹考虑当前信息技术发展的最新成果和学生的切身需求，要以正面引导和帮助为考量标准。校园信息网络建设要以实用为主，尽可能地方便学生的学习和生活。

其次，营造和谐校园文化氛围，发挥校园文化育人功能。校园文化是在学校长期发展过程中形成的物质文明和精神文明的总和，是以精神文化为核心，与物质文化、制度文化、行为文化相统一的一种群体文化和组织文化。积极向上的校园文化是一个学校发展的内在动力，是学校发挥教育人、培养人和发展人功能的隐性载体。

学生事务管理要通过加强校园文化建设来促进学生身心的健康发展，培养全面发展的人才。①加强校园硬件资源条件建设。高校要致力于加强有特色的校容校貌建设，要合理规划和布局校园建筑，优化教学设施和科研条件，加强学生日常生活和娱乐设施的建设，形成有代表性的校园物质文化，从而对学生的学习和发展产生潜移默化的影响。②举办丰富多彩的校园文化活动。学校要通过组织各类育人活动，举办各种形式的科技竞赛、学术交流和研讨活动，特别是要多开展主题鲜明、时代气息浓厚的文体活动，逐渐形成独具特色、充满生机和活力的校园文化氛围，充分发挥文化的育人功能。

2. 高校教育中学生管理的信息化构建

（1）实现高校学生管理信息化的有利时机

现代科技的发展日新月异，原有的学生管理模式已经远远落后于现代的学生管理工作需要，帮助高校管理者提升工作效率，利用现代化信息网络通过构建学生管理信息化平台实现管理工作的高效和科学、为学生的成长发展和教育提供良好的环境是现代高校管理工作应当积极研究和探索的问题。随着社会的不断发展和进步，学生的价值观念和思想动态也在日益复杂化，高校学生工作面临着前所未有的挑战和全新的形式，原有的学生管理方式和方法已经不适应现代的学生管理工作需要，因此，目前普遍高校都已经达成了需要建立现代学生管理信息平台的共识。

处理学生管理过程中大量的基础信息是学生工作的重要内容。原来的学生管理工作中，完全依靠人工去收集、统计、整理和传输这些信息，不仅效率低下，而且浪费大量劳动力，但是利用现代网络技术和信息技术就能解决这些问题，尤其构建学生信息管理系统能够克服传统管理方式的缺点，大大提升工作效率。建立学生管理信息系统，可以利用信息技术对学生信息进行分类自动化处理，并将学生信息通过网络予以发布，这样学生和教师都可以通过网络平台根据自身需要查询和处理各类信息。现代信息技术的应用能够大大提升学生管理的工作效率和工作水平。

随着现代社会的不断发展和进步，校园环境也发生了巨大变化，当代大学生的思想状态和行为习惯都与原来不尽相同。高校学生的管理工作也要根据现代学生的特点与时俱进，从社会发展的角度研究探索有利于学生成长的环境因素。现代社会的发展速度极快，学生的成长与进步会受到社会环境的很多因素的制约，比如，社会背景、经济利益、生活方式，等等，都会影响学生的思维方式和价值观念，如果学生没有正确的世界观和价值观，缺乏正确的价值理念和社会责任感，就会很难融入社会生活中去，这些对高校学生管理工作提出了新的挑战和要求，也为高校学生管理信息化提供了难得的机遇，具体包括以下几个方面：

第一，高校学生管理工作的数字化需要信息化作为支撑。以互联网信息技术为代表的社会信息化是现代社会发展的必然趋势。现代社会就是信息化的社会，信息化技术对高校学生管理工作会产生巨大的影响。这种影响首先就表现在让学生管理工作发生数字化的转变。传统的学生管理工作中，如果要了解学生的基本信息，通常是采用信息表格登记的形式，每个学生都要通过填写表格让老师或辅导员了解基本信息，但现代的管理工作中，学生的基本信息都是通过数字化的方式存储，教师或辅导员可以根据需要随时查找相关信息，既高效又快捷。而且，现在不仅是学生管理工作，整个校园建设都在采用数字化建设形式，校园的每一个系统建设都会和中心数据平台相兼容，每一系统的数据往往都会提交到中心数据库中，使整个高校校园形成一个完整的数字化信息系统，实现高校管理的标准化、统一化、规范化和集成化，实现数据的完整、统一、共享和一致。这样规范统一的数字化管理，不仅方便高校有效集中管理各类数据，还能够方便信息使用者快速、安全、高效地使用数据，促进高校学生管理工作的规范化和科学化。

原有的学生管理工作方式需要耗费大量的人力、物力，很多工作还会出现重复劳动和低效率劳动的问题，而通过信息化管理学生工作，就可以使学生管理工作的流程和方式更加科学、规范和合理，既能节省大量的人工劳动成本，又能提高工作效率和质量，还能避免出现一些人工劳动会出现的错误失误，使整个学生管理工作都能沿着科学规范的轨道运行。典型的例子像浙江工业大学，该校建立的学生综合管理平台将学生的基础信息都进行了数字化存储，并且通过信息化功能将这些数据分类管理，对学生的日常管理、认证事项、心理健康等方面都能够通过平台直接管理，不仅方便了高校的学生管理工作，更为学生的学习和生活提供了很多便利条件。

　　由于信息化方式在高校管理中具有传统管理方式所不具有的优势，因此得以在高校内迅速普及，这既方便了学生的学习生活，又提高了学校管理工作的效率和质量，同时也能方便高校为师生提供便捷的服务工作。人们所说的数字化是指运用现代的信息技术，将文字、图像、声音、动画等具体信息通过数字化处理，存储到计算机网络中，通过网络发布以供人们查找。校园网是数字化校园建设的媒介，并以此为平台将信息化建设作为平台建设的主要内容，将信息化服务作为校园管理系统的支撑。通过校园网络可以将整个学校的管理都纳入系统中来，比如，图书馆的管理、食堂的自助终端设备、区域网和校园网的连接等，这一网络系统可以将教务管理、师生管理、后勤管理等多方面事务形成一体化系统，为整个高校校园提供高效便捷的服务。数字化校园建设是一个理论和实践相结合的过程，在建设过程中，不仅需要技术过硬、应用广泛的系统，还需要对信息进行智能化、高效化和自动化管理。计算机网络和智能化信息系统可以将校园的不同管理事务沟通连接在一起，实现各部门、各系统之间的信息共享和互联，能够大大提升工作效率，解决各部门沟通不畅的问题。这些被数字化转换的信息不仅能够使信息迅速传播和共享，还能够促进整个校园的数字化建设，提升校园管理工作效率。

　　第二，高校师生之间的交流与沟通通过信息化得到加强。大学生是社会群众中具有较高文化素养的群体，也是受网络技术影响最大的社会群体，管理这一特殊群体要有科学的方式方法，信息化管理恰恰为这种管理提供了便利条件，且方便了学生与高校之间的沟通和反馈。此外，信息技术的应用降低了学校与学生之间的沟通成本和学校管理工作的管理成本，使得高校和学生对信息化高校管理工作都十分认可，大大提升了高校管理者与学生的沟通效率。

当今社会中，通过信息化手段管理的方式有很多，比如，微信、钉钉、QQ 等，为了适应当今社会的信息化发展趋势，高校的工作人员也在不断改进工作方法，应用现代化信息手段，适应当前大学生群体沟通习惯，利用信息化手段开展学生管理工作，应当说，现在的高校管理方式手段多种多样，不仅方便、高效和快捷，而且能实现有针对性地点对点沟通。很多高校辅导员根据自身工作性质，会在校园管理工作中大量使用现代化信息手段实现与学生之间的沟通和交流，现代化信息手段为高校辅导员的管理工作提供了很多便利条件。

当前微信、微博、抖音、快手等现代新媒体方式具有个性化、便捷化、多样化和互动性等特征，这些特征让它们倍受年轻社会群体的喜爱，尤其高校大学生，他们特别喜欢使用微信、微博等新媒体，如果利用新媒体开展学校管理工作就会解决很多传统学生管理工作中遇到的难题，促进高校师生之间的有效沟通和交流，促进学生管理工作的改善与进步，间接地还会对整个高校教育工作产生积极的影响。而且新媒体共享的信息传播速度快、信息量丰富，如果将新媒体用于报道学校的典型事例、先进思想、校园新闻等，一方面学生工作管理者可以及时收集相关资料，丰富学生管理工作内容；另一方面，学生也可以共享这些信息，开阔视野、提升素养，达到教学相长的积极效果，因此，信息化确实给学生管理工作带来了千载难逢的机遇。

第三，高校工作载体的更新和创新需要信息化的支持。高校工作的现代化和科学化需要以高校管理工作信息化为依托。学生管理工作的信息化是高校发展的具体目标之一，也是信息社会的重要标志和具体体现，将学生人本主义教育和信息化管理相结合是推动高校学生管理工作发展进步的重要手段。高校管理信息化工作在提升工作效率的同时也带来了很多便利，比如，通过学生管理系统可以轻松地查看到学生的基础信息，这在原来的管理工作中需要花费很多的人力物力，而现在只需在系统中搜索即可。

原来的高校工作载体多数是报纸、广播、书信等传统媒体方式，但随着现代社会的不断进步发展，传统的工作载体显然已经不适应现代社会需求了，在现代信息社会，网络媒体已经成了主要的载体，教育工作中也是一样，与信息化趋势保持一致是高校管理工作的发展方向。微信、微博、腾讯 QQ 等已经成为现代大学生沟通交流的主要方式，将新媒体形式和现代教育相结合，使其成为高校工作的新载体是高校管理工作的发展趋势，也是必然要求，这是由现代信息技术发展的趋势所决定的，只有适应趋势，与时俱进，突破原有的传统教育载体才能促进高校学生管理工作朝着积极、健康、正确的方向发展，应从以下几个方面入手：

第一，应当建立功能完备、内容丰富的高校学生管理工作网站。网站是适应信息化发展趋势所产生的虚拟媒介体系，一个功能完善的网站能够为学生管理工作的信息化提供坚实的基础，学生通过浏览网站信息能够根据自身需求获取有用信息，是高校学生管理工作中最常用、最基础的载体工具。

网站信息能够反映出学生管理工作的情况、工作成果和校园网络宣传与使用情况。在建立学生管理系统网站时要根据具体情况符合几项基本条件，首先，要将网站的主题确立为学生管理工作和教育工作；其次，在内容设计上要突出有用性和思想性，要为学生管理工作的信息化服务。网站应当是学生信息管理的基础平台，平台上可以发布相关公告、通知和成绩以及最新消息等，让广大师生能够通过网站顺利、及时地获取学校的最新消息和个人所需的校园信息，信息应具有及时性和可获取性，师生可以在不同地域、不同时间随时随地掌握相关动态。除此之外，网站还应允许师生对一些问题发表意见和看法，提出相关建议等，网站不仅应当作为信息发布平台，还应当成为帮助学生解决困难、提供专业化咨询的平台，学生通过有效咨询可以获得帮助、缓解学习压力和避免突发事故。

第二，应当研究开发高校管理信息化系统。此系统应当是一种高科技系统，它能够代替传统的学生管理工作模式，通过强大的搜索、储存、筛选等功能为学生管理工作提供便利，成为学生管理工作必不可少的应用系统。高校信息管理系统既应当具有操作方便、简单易掌握的特征，又应当具有信息透明、公开、及时的特点，这样广大师生才会广泛应用，高校学生管理工作才会朝着科学化、高效化的方向发展，并且系统不断优化升级，会更为科学，更符合学校管理和学生的基本需求（见表2-1）。

表2-1 高校学生管理系统完善

完善方面	具体内容
组织管理	高校的学生组织中主要由党支部、团委、学生会、青年志愿者协会以及各种社团活动组成的组织。在高校学会管理中发挥着重要的作用，尤其是各级干部和学生是整个学生管理工作中最为重要的力量，在老师和学生之间起着一定的纽带作用
	学生管理工作中需要对学生干部进行仔细的挑选，关系到整个学生工作的进展；发挥好学生干部的作用，使学生工作能有序进行。通过干部科学化、系统化使学生管理工作顺利地实施和开展。将活动中各种工作资料进行科学化的整理和录入，以便后期的查询和借鉴。做好各项资料的管理工作，为后期的活动经验和各种干部培训做充分的准备
综合测评工作	测评是对高校学生最重要的考核办法，能够实现对学生综合评价和各方面的衡量，在实际的工作中需要耗费太多的精力而无法做出精准的判断和测评认证。造成高校的测评工作受到学生的强烈不满，从而引发了一系列的学生矛盾和纠纷，甚至出现极强的抵触情绪。面对这样的情况需要建立综合的、公正的测评机制，保证每个学生的权利和义务，信息化管理中运用计算机的特殊功能就能保障这项任务的要求，从而减少人为影响的盲目性
档案管理	在学生管理系统中最为常见的一种就是档案的建立，运用电子版的档案管理在学生信息管理中起着非常大的作用，其能简单明了地反映学生的基本信息情况，同时保证了信息的准确性，减少了人工的误差

第三，建立符合学生工作管理的网络平台。在学生管理工作的网站上建立一个符合学生工作管理的平台，通过对一些项目的设置和建立来对学生需要的各项事务工作进行汇总和设定，将学生管理工作更加深入到网络系统的运用中去，确保网络平台的合理利用。在这样快捷、高效的网络环境中感受信息化给予的高效工作。建立符合学生工作管理的网络平台主要包括三方面的内容（见表2-2）。

表2-2　符合学生工作管理网络平台的内容

主要方面	具体内容
建设学生就业信息	各大高校不同程度的扩招，导致目前大学生就业问题的严峻，需要在学生信息管理网站上建立一个毕业生就业信息专栏，为即将毕业的学生提供最新的招聘讯息，这项工作的开展是非常有必要的，是对高校生源的稳定做准备工作
心理咨询中心系统	心理问题一直是大学生普遍存在的问题，需要引起校方领导的足够重视，在学生管理工作中也必须将这项工作落实到实际中去，学生管理系统网站上对心理咨询开设相应的版块，以心理健康教育为主题对困扰学生的问题进行阐释，尽可能地帮助心理出现问题的学生，同时可以采取网上咨询的方式来对问题学生进行现场解答
学生社区交流系统	网络作为现实世界的另一个存在，其存在形式是为学生提供网上交流的机会和平台，以各种文化为主题展开相应的讨论和学习，相互沟通和彼此互动，增进同学之间的感情，同时也丰富了学生的课余生活

第四，信息化创新高校学生人才的培养模式。所谓人才培养模式是高校根据国家人才培养目标和质量标准，为大学生设计的知识、能力和素质结构以及怎样实现这种结构的方式的传统高校人才培养模式，其强调模式化、专业化和统一化，普遍适用的还是家庭、学校、社会三位一体的育人模式。在这个模式中，家庭、学校、社会各自发挥自己的育人功能，力求每一环节都做到最好，但是三方面缺乏信息的沟通和共享，不能及时了解每个学生的不同需求，不能因材施教、量体裁衣，真正实现学生的全面发展。而在当前全国信息化的大趋势下，信息社会中人类智能化的创造力得到普遍运用，这对

人才的思考问题的方式、经济活动方式、社会实践产生了巨大的作用。高校培养人才必须与时俱进，符合社会不断变化的发展和需要，就必须不断提升职业素养和能力素养，熟练地掌握和应用计算机，可以根据相关专业知识对信息进行进一步分析，果断进行思维判断，科学实践，从而能对现代化的信息社会能够从容适应。

大学的人才培养必须投身于信息化的大潮中，从而让真正的高层次人才能够在激烈的市场竞争中脱颖而出，积极推进高校的信息化建设进程。现在高校信息化发展是处于依托校园网络，继续加强和完善的阶段。传统的像产品制造一样的机械式人才培养模式早已跟不上时代的潮流，必将被信息社会所淘汰。我们应当抓住高校信息化建设的时机促进人才培养模式的转变。同时，我们应该以人才培养模式的转变进一步带动高校信息化的发展。真正做到人才培养和信息化建设两者相得益彰，协同发展。

另外，网络时代的到来也极大冲击着大学生的思想观念，改变着大学生的行为方式。大学生会通过网络聊天工具进行交流，学校网站、微信、微博、腾讯QQ群等是学生经常使用的了解各类信息的主要途径，信息技术在极大地丰富大学生的生活，为其学习提供便利的同时，也增加了管理工作的复杂性和难度。

（2）高校学生管理工作信息化建设思路

第一，学生管理工作信息化建设的必要性。

首先，推进高校学生管理创新是适应高等教育大众化发展的需要。近年来，中国高校教育发展迅速，在规模和在校生人数上都有很大增长，高校内部的结构和管理也进行了优化，对学生公寓、食堂、学分要求、班级概念等都进行了革新，这些新的变化和创新都加重了高校管理人员的挑战。高校管理人员要通过不断地学习、培训、创新才能够管理好新型的高校，符合时代的发展和学生的需求。

其次，推进高校学生管理创新是加强和改进学生工作的内在需要。学生管理主要是对学生思维、规章制度、学习活动等方面进行正确的引导和开展管理工作。学生的价值取向、生活方式等都受到社会和时代的影响，向生活多样化、思想开放化、经济变革性等发展。在这种开放的教育环境中，学生受到各种观念的影响，主观意识、民主意识等不断加强，造成学生更加凸显个性，实现自我。这种情况下，如果还是按照传统的方式来管理学生，只能适得其反。高校管理者要利用新时代的方式，按照学生的生活方式去接近和管理他们，才能够实现管理工作。要利用特殊的管理思维，在理念、方法、模式上进行创新，只有这样才能够充分发挥管理人员的作用，能够被学生接受，能够有效对学生开展管理工作。这不但是高校学生管理的基本需求，更是高等教育对教学质量提出的新要求。

最后，推进高校学生管理创新是培养创新人才的需要。随着科学技术的不断发展和进步，要想满足社会对人才的需求，必须加大对高校学生的培养力度，培养出综合素质足够高的专业化人才。要想实现这个人才培养目标，必须加大教育创新和制度改革，不仅要创新教育管理观念，还要创新人才培养模式。在高校教育当中，学生信息化管理工作比较重要，也是培育人的主要方式，学生管理创新不但是培养创新人才的需要，也是高校教育创新的主要内容之一。

第二，学生管理工作信息化建设的创新思路。

首先，树立高校人本教学观念。要加强情感教育，在日常的学习、生活中加强对学生的思想引导和情感沟通。①要以人为本，充分尊重学生；②教学过程中要注重情感交流，将情感融入教学中，达到教育的目的；③要充分尊重学生，以感情因素来打动学生，充分引导学生正向发展，在教育和管理中做好转化；④通过情感交流来引导学生的思想，要经常性对学生进行褒扬和激励，帮助学生养成高尚的道德情操。

树立师生间平等意识。要想促进师生之间的良好交流和沟通，必须采取有效措施，改善师生关系，对于师生关系而言，对应的是平等的关系，是基于人格平等上的合作交流关系。在师生关系建立当中，必须凸显出学生的核心主体地位，教师要起到良好的引导作用，学生才是学习的主人。在具体的教学管理活动开展中，教师要让学生学会自我管理，不要进行过多的干预。

建立针对性的制度规定。制度建设是班级管理中的重要举措，但是制度的制定与实施，应适应不同班级的特点，符合大学生的年龄特征，而不能以检查、纠偏、惩罚为目的。

尊重学生的个性差异。针对素质教育而言，其核心是个性化教育，针对不同的学生而言，是存在一定差异性的，要想从根本上提升教学效率、保证教育成功，就必须尊重学生，采取个性化和专门化的教育方法，针对不同的学生，要采取相应不同的教学方法，通过加强个性化教育，可以为学生创设良好的学习环境和学习氛围，从根本上提升学生的思维创新能力。

树立"学生是发展中的人"的意识。处于教育阶段的青年学生身心尚未完全成熟，通过他们的成长规则可以看出其还处于不断发展和成长的过程，有待开发潜质和技能。在学习过程中，除了与生俱来的遗传优势外，环境对他们的影响也尤为重要，从身心两个方面而言，遗传因素、环境因素、教育手段是共同作用于学生的成长的，在三者的作用下，学生身心逐渐发育成熟。这种成熟的发展是不固定的，波动非常大。所以，学校老师和管理工作人员要以学生的角度出发，不要按照成年人的要求、自己的标准和固有观念去教育和指责他们，要针对学生不同阶段的心理变化进行有针对性的引导和教育。

培养学生的责任意识。学生的道德教育是班级管理中的重要内容。一方面，不能抑制学生的独特性，要培养他们正确的观念，打破等级观念的束缚；另一方面，要培养学生的大局观，引导他们牺牲自我，实现大我。

其次，强化以学生为本的教育管理观。教育活动是根据教育理念开展的。在进行学生管理变革时，要先发扬"以学生为本"的观念，充分尊重学生的个性，鼓励全体学生参与，这是做好管理工作的基础。现代管理学中指出，人这种资源是最核心的资源，是管理工作中的第一要素。学校管理人员要将学生作为所有工作的重心，要以学生为中心开展活动，充分尊重学生、关爱学生、鼓励学生，要时刻不忘满足学生的合理需求，并引导他们开发自身的主动性、创造力和积极性。总而言之，就是要在学生管理的过程中充分了解学生需求，帮助学生提高综合素质和专业技能。管理要具有民主性和主观能动性，使学生意识到他们是管理的核心，除了被管理，还有管理的职能。要帮助学生培养对自我的管理、教育和服务。

高校学生管理工作具有全员参与性，所有的高校成员都在其中有着自己的作用。在管理工作开展过程中，单独依靠管理部门的努力是不够的，要充分发挥各人群的主观能动性，鼓励他们主动加入高校管理工作中。要充分加强高校管理部门的教育意识和管理理念，积极邀请校内专家、社会优秀人才参与到高校的管理工作中来，同时要在学生群体中培养学生管理团队。在多方共同参与协助的管理模式下才能够实现高校、社会、家庭三者协同发展的新局面，才能够将高校的服务职能、管理职能、教育职能进行充分结合，形成新的管理合力。

再次，构筑学生管理信息创新平台。科学的进步非常迅速，信息化和互联网技术的发展迅速。随着数字校园和网络校园的发展，高校已经成为网络用户最多的地区，大学生自然是数量最多的网民。新时代下的互联网给学生带来了极大的帮助，已经成为学生日常学习中获取知识的途径，对他们的人生观、价值观、世界观产生了深远影响，但是却加重了大学生的管理工作。高校管理人员要进行计算机相关知识的培训，加强网络知识的学习，并在学习过程中掌握新的方法开展学生管理工作。

在管理中，提高自身的信息化技能、科学化技能，这样的管理方式才能受到学生的喜爱。①要构建学生信息数据库。新时代下，信息是管理的核心，熟悉学生的相关信息是管理工作的第一步。所以，新生入学时，就要对学生进行相关信息的采集、整理、登记、上传工作，特别要注意特殊学生，如贫困生资料的收集。之后针对学生的成绩、奖惩情况、党团关系等进行更新录入，保存为电子档案，为日后查找学生信息提供详细资料。②打造学生管理服务平台。可以通过线上渠道对学生进行管理，在网站、腾讯 QQ 群、微信等社交媒体上开展管理工作。学生的管理服务平台要符合学生的需求，贴近学生的思想、生活和学习。要采用民主、平等、开放的形式开展网上讨论，扩大讨论量，打破区域限制。改变传统的单向沟通机制，实现双向沟通，这样有助于提高学生的讨论积极性和发挥学生的主观能动性，能够增进管理工作的亲切感。

最后，健全学生管理机构的创新运行。学生的管理团队在高校管理工作中发挥着重要作用，他们是主要的执行人员。管理机构作为整个管理体系的坚强后盾，通过发展学生管理团队、健全学生管理机构促进高校管理资源的合理分配，为学生管理机制创新贡献力量。现阶段，高校管理团队主要以班主任和辅导员为主，学生的管理水平反馈的就是他们的管理效果。学校应该从辅导员的优势出发来构建和整合学生管理团队，打造更高水平的管理平台，根除学生的应付思想。在奖惩制度上也要进行加强，激励管理团队的斗志，培养岗位责任感。高校的党委学生工作处是学生管理机构的指导，他们主要负责学生工作的安排和执行。作为执行单位，要充分发扬管理的公平性，要更加细致地管理学生，并完善相关的线上线下管理办法。通过这种多方的机制革新，明确管理的目标和职责，并将管理人员中的辅导员、班主任、学生团队进行有机结合，及时沟通，进行有关工作的汇报、反馈和相关问题的探讨，这样能够更加细致地开展管理工作，达到更好的管理效果。

（3）高校学生管理工作信息化建设方法

第一，思想理念方面建设。

高校学生管理工作的创新的基础和前提是理念创新。理念是高度凝结的集体式智慧，核心是自主创新能力，既强调外在显性理念，还强调潜在的隐性理念。高校学生管理工作的创新，要让学生管理工作人员都能够与时俱进，及时更新个人理念，形成创新高校学生管理事务，提升管理工作效率的新理念。更新高校学生管理创新理念的具体途径有以下方面：

首先，管理人员要有加强服务意识理念。高校内的信息化系统服务于校内的所有人，其使用主体就是校内的管理人员。在信息化建设的过程中，高校教师参与网上办公正是一个重要的方法。高校管理人员应当着重培养自身的服务意识，从服务的角度出发，为信息化办公系统的进一步完善提升提供合理化的建议，从而改善信息化系统。相同的是，在我国大多数高校之中，管理人员并非教师阶层，其专业可能是不同的，一部分非信息化相关专业的管理人员相应的能力水平是比较低的，所以，对这一部分人而言，使用信息系统具有一定的难度，在使用的过程当中往往会出现各种各样的问题，传统的办公模式才是他们所熟悉的。因此，在信息化建设的过程中，需要高校重视加强对于学生管理工作人员的相关培训，从而帮助其形成自觉使用信息化平台。信息管理人员应当加强对于信息化本质的理解，紧跟信息化发展的步伐。为了保证管理人员对于信息化系统的使用更加轻松，高校应当加强使用意识的培养，从而节约成本、提高效率。

其次，学生要积极使用信息化系统。应用现代化信息手段的优势在于，既能够帮助学生大幅度提高学习效率，同时还可以帮助学生培养学习的灵活以及自主性。目前部分高校已经开始使用校园一卡通，它的大小与普通的银行卡相似，其中，包含有学生的诸多信息，如借书卡、饭卡、学生证等，使得学生生活更加的便利。与之相同的是，学生的学习生活也因为大量信息终端的介入而充满了大量信息化内容，这样的改变使得如今对于学生信息化素养有了更高的要求，同时也带来了明显的优势。现实当中，学生们对于新事物的接受能力是较强的，因此对于使用信息化产品也会更加热衷，从高校学生的性格特征以及心理特征角度进行分析，高校仍然应当注重培养学生的信息化素养，正确引导学生进行资源的开发以及应用，使学生们能够免疫不良信息，对学生的学习生活起到辅助支持作用。

最后，技术人员要树立服务意识、合作意识。在对高校信息化进行建设以及维护的过程中，信息技术人员发挥着主导作用，所以，高校应当保证相关技术人员时刻跟随科技发展的进度。由于受到专业的限制，技术层面成为许多相关工作人员进行工作的出发点，这也导致其无法准确地对各部门的需求进行把握。所以，高校当中的信息化技术人员和普通技术人员之间存在着不同之处，对于其服务意识的培养应当给予足够的重视。在进行调研时，首先应当同行政及其他管理人员和学生进行沟通交流，了解不同人员所具有的不同信息化需求。使用信息化产品时，信息化技术人员应当能够准确地把握产品，同学校实际情况相结合，提升其创新以及务实性，从技术层面出发，同时结合实际应用当中所产生的需求来综合性地对信息化进行设计。

在高校学生信息化管理当中，还要严格遵循"以人为本"原则，要关爱学生和保护学生，促进学生的个性发展，从根本上提升学生的独立思考能力，加大对学生全面发展以及学习需求的关注度，以促进学生的健康成长和高效学习。

信息技术同时具有通信以及自动化的功能，这对于各种管理应用系统的构建是有着帮助作用的，可以进一步提升管理效率。除此之外，超强大的交互功能以及通信功能可以保证与学生沟通的畅通无阻；通过对信息技术的应用来实现各类应用平台的建设，对管理机制不断进行创新，不断加强管理以及服务水准，最终使网络具有传承人类道德普遍价值的功能。高校应当对建设网络平台给予足够的重视，围绕人类道德普遍价值教育这一问题，开展相关的网上交流、教学、论坛、辩论赛等，并通过校园的论坛、博客等进行有关信息的报道，在不断地交流渗透过程中积极引导树立正确的价值观，从而完善网络平台，加强民族精神，提升网络所具有的影响以及宣传能力。

第二，业务流程方面建设。

高校的核心重点是为国家培养和输送人才，高校的学生事务是高校的重点业务。新生入学时，报到注册、学籍资料整理、就业指导、实习支持、心理疏导等工作需要各个部门协同处理。就新生报到流程而言，学校管理部门、学院、学生处、资产处、财务处、保卫处、网络部门等都需要加入迎新工作中。这些部门如果实现了联合办公，新生报到的手续将会顺利很多。现阶段，高校学生事务的效果直接反映了高校的办学和管理水平，随着高校信息化的建设，学生事务需求越来越多样性，因此，要对高校学生事务的流行性进行简化和创新，以满足学生的特殊需求和时代要求，学生和管理人员工作的匹配度是重点内容。高校信息化的发展需要教学部门、财务部门、安保部门全力合作，以此创新管理办法，从中我们可以看出，高校学术观念管理的信息化本质上是对流程的规范。想要实现高校学生事务管理的变革和创新，就要找到管理工作中的缺陷所在，要始终将优化学生管理流程作为重点，突破传统的职能导向管理办法，将传统管理的优良传统和现代的管理办法进行整合、消减等，以达到管理的最高效率和流程简化。高校传统管理流程可以从以下方面改进：

首先，要在信息平台下实现组织结构扁平化。高校学生的管理是在专业调研数据的支撑下开展工作的，在高校和简化的管理流程建立之后，要减少管理层的数量，让整个组织架构轻便易操作，在提高管理效率的同时，缩小校领导和学校老师、学生之间的距离，以此来优化组织结构。通过流程型组织结构的建立，以目标和任务为指导开展工作，重视各个流程阶段对于工作的分配和人员布局。这种形式加强了各部门的沟通和交流，使得信息上传下达通畅无阻，各部门的优势在流程中不断得到体现。例如，传统的管理模式中，校领导想要了解学生的情况，需要从职能部门到各学院、到辅导员、到学生干部等层层反馈才能得到准确的信息。在信息化时代下，校领导直接可以查看学生的相关信息，不仅节约了校领导的时间，还保证获取到的数据的真实性。

其次，要在现代信息技术的网络化基础上构建协同管理的平台。高校管理工作是一件细致的工程项目，信息技术是保障项目顺利执行的重要手段，通过构建协同管理平台能够对获得的各种信息和资料进行管理和个性化处理，借此来克服以前部门之间资料浪费严重的问题，实现信息的高效共享。目前，大部分高校开始构建数字校园，在新进的科学技术、互联网技术的配合下，高校学生管理的工作全面实现数字化处理，通过信息化的管理方式和信息传递模式来减轻教育的负担，推进教育管理工作的规范性和科学性。

最后，对相关业务进行集成，简化业务流程。在完成协同管理平台构建之后，就要对业务流程进行优化和创新。可以通过清理无效活动、综合任务考察、流程顺序简化和技术自动化等途径来开展工作。要保障信息来源的统一性，避免信息传递造成失真，以来保障流程的效率和真实。在各部门间的沟通和交流上简化结构组织，将相似功能的部门整合成一个部门。相应的活动也进行综合处理。在处理学生信息时，信息的公开化很好地解决了传统工作中众多中间层的传递，计算机的自动化处理功能代替了人工的统计、录入工作，将学生的工作重心转移到信息的加工和二次开发上，提高了解决问题的效率。

第三，组织结构方面建设。

在信息化逐渐普及的背景之下，高校学生管理组织的创新结构能够为其发展提供强有力的支持。管理的信息化并非指在目前基础上加入计算机、多媒体设备或相关的软件，而是应当基于现代大学管理理念，不断地优化调整高校学生管理各资源以及环节，进行科学的定位，对信息流程进行合理化设计，从而确保在网络环境当中各种资源传输的及时准确性，能够为各项管理工作提供坚实的基础。所以，高校想要进一步实现学生管理信息化，首先应当在组织结构所具备的原有基础之上进行进一步的更新设计。

目前高校信息化建设过程中所产生的发展趋势是：成立相关工作领导小

组或是委员会，增加信息主管（首席信息官，CIO）这一岗位，由高校一把手直接进行领导，并对校园信息化建设负主要负责。在实际工作的过程中，CIO负责信息标准以及政策的制定，管理全校的信息资源，对各个职能部门以及行政管理人员进行协调，从管理这一角度出发，对信息技术进行选择和使用，通过对信息资源的反复筛选和深度挖掘来完成对于数据的准确利用。信息化组织体制具有信息管理结构后，既能够对管理体制的改革起到促进的作用，同时还能够帮助调整学校专业结构，从而促使高校的管理决策层得到进一步的提升。除此之外，还需要保证同时进行信息化领导小组的进一步完善与信息化组织结构调整。

首先，组织的主要结构。

直线型层级结构。从我国的目前状况来看，高校当中所存在的学生工作组织结构，其主体为校、院两个管理层级之间相互结合的管理机制，是一种直线型层级关系。这种层级结构对于相关职能部门以及院系的快速控制主要依靠决策的快速性和指挥的灵活性，使得校内的资源能够进行有效整合，从而使得全局工作能够顺利进行。不过这样的管理过程也存在弊端，导致多层领导出现条状分割状况，职能之间会发生相互重叠，另外一个问题就是沟通协调存在着困难，对于多部门参与的过程中，横向协调性至关重要，无法专业化地对工作进行指导，就极其容易导致负责领导以及非负责领导都不会进行管理的状况。由此我们可以发现，直线型层级结构当中具有较大的组织跨度，这导致了学生工作的管理很难由校领导进行完全的控制。教学科研往往被当作是高校的中心工作，相较于学生管理工作，被认为更加重要。从另外一个角度来看，高校学生工作信息传递通常需要经过多个层级相关管理部门人员，流程相对冗长，在这样的环境下，运用直线型层级结构极易导致信息传递的不顺畅，甚至会导致传递出现障碍或者是信息失真。

横向职能型结构。我国目前仅有少数高校在应用横向职能型结构，其主要特点包含有条状运行机制和一级管理体制，参考西方高校当中的学生事务管理模式。由于这种结构的管理机构设置以及管理权限分配是在学校层面来进行的，依据分工的不同由不同的职能科室来面对学生和社团开展工作，学生管理工作最大的特点在于多头并进以及学校直接开展。与之相同的是，管理层级因为大的组织跨度、管理的扁平化以及分工的明确性而得到了减少，工作职能得以向学生延伸，降低了横向协调的难度，增加了指挥的灵活性，增强了决策者对于管理的影响。不过在这样的组织结构当中，专业化以及管理层次的缩减会导致相关工作人员对其过分重视，增加工作强度和心理压力。这种大负荷工作极易导致工作效率的降低，在院系当中沿用辅导员制度会导致隶属关系的模糊，进而使得辅导员无法明确自身的工作职责。

其次，网上业务协同矩阵的管理结构。矩阵结构普遍化是目前国际著名大学组织结构取向的一大特点。如今，越来越多的高校加入数字化职能校园建设当中，这也使得学生以及教师的信息化素养得到了大幅度提升。由于高校当中的部分职能部门无法实现部门内部的业务协同以及信息的共享，因此逐渐转变为跨越应用、处室以及职能领域的业务协同以及信息的共享。在学生工作当中，网上事务处理方式以及信息服务的现象正在逐渐增加，其中包含有后勤、教务、财务等多个部门。过去高校毕业生在进行离校手续办理时，需要携带纸质的离校单在校内的各个部门进行盖章。如今在应用离校系统之后，不同部门之间的协同工作使得毕业生能够通过网络完成离校手续。

系统当中的工作流可以提升学生离校手续办理的速度。在进行奖学金评定时，通常需要综合学习成绩、品德等多个方面，此时学生处以及教务处之间可以相互配合，提升办事速度。校园一卡通系统被众多高校应用，它既是学生的学生证，同时还是门禁卡、图书证等，其制作与发行通常情况下是由网络中心来负责，学生以及教职工的相关信息通过不同部门数据库中的数据，进行横向整合，使得一卡通能够对校内的各个部门的信息进行共享，实现联合办公。

在中国的大学当中，矩阵管理结构的建设因为信息技术的普及应用而有了发展的空间。目前我国大学的信息化发展不够完善，接下来还需要一段漫长的时间来完成对于信息系统和相关管理结构的建立。不过，目前许多高校已经开始进行新岗位以及部门的设置，重组业务流程，例如，完成信息中心的建立，从而促进信息化建设，组建学生信息综合服务中心等，从而推动信息化的完善进展，借助通信系统将本来由不同部门分别进行的工作统一完成。

学校的信息化平台。信息化平台应当对所有与学生密切相关的部门进行统筹管理规划，其中，包含教务处、图书馆、财务处、就业指导中心，等等，根据平台的不同来对功能模块进行合理的规划，根据学生的基本信息来进行学生电子档案库的建立，其中，可以包含在校期间学生的学习、获奖、生活、获得的资助，以及违纪情况，等等，既保证功能的发挥，同时还能够对学生的在校表现进行综合性的反馈，直接展现学生在校期间的真实情况，客观地对学生综合素质进行评价。在建立数据统计平台的过程中，学生基本信息的统一性是至关重要的。所以，保证学生基本信息一致性对于学生电子档案库的建立十分重要。这些信息包含：姓名、出生年月、性别、经历和生源地等不会改变的基本信息，同时还包含家庭成员基本信息以及家庭基本情况在内的会发生变化的内容；除此之外，还包括学生获得奖学金、助学金的情况和实习培训情况。以上信息在被提交之后需要学生处以及院系进行审核，根据学校情况的不同，可在特定时间由学生对数据进行更新修改，并由相关部门对其进行审核。除此之外，想要实现对于学生情况的全面记录，还应添加一些平台功能，例如，学生进出公寓和图书馆的情况、借阅情况以及消费情况等，从而使得调查统计分析更加的便利。

数据收集和数据分析的功能。从数据来源角度进行分析，应保证其直接性和客观性，这样对于后期的调查统计分析是有利的。经过统计分析可以帮助我们更加直接客观地对学生的在校情况进行综合性评价。例如，通过校园卡了解学生的消费情况并将其和贫困学生的信息进行相互比较，从而完成对于贫困生情况的科学核查，进而调整补助的发放情况。或者对学生进出图书馆以及借阅的记录进行调取，将其与学生的成绩进行比对，从而有效地完成对于学生阅读及学术研究分析。统计学生就业情况，并将其同学生的在校情况进行结合分析，从而找到帮助学生提升个人综合素质以及就业能力的有效方法。对不同部门的数据进行同步的交叉比较，可以发现教学以及对其他学生事务进行管理的过程中所存在的问题，进而对教学管理以及学生工作给出更多宝贵意见。

权限分配。在对权限进行分配时，可以根据角色的不同来进行，如根据工作人员所在部门、职务以及工作内容的不同，分配不同级别和内容的权限，细化操作环节，保障操作安全。这样的学生管理系统可以提供给包括学生本人、辅导员以及事务管理部门人员使用，能够授予其他相关人员进行查阅的权限，可以更加便捷地对学生的学习生活情况进行了解。

第四，技术支持体系方面建设。

首先，加大硬件方面的投入。学生管理工作信息化的硬件设备包括电脑、互联网设备等，学校要加强技术设备和设施的完善。高校学生管理信息化要符合国家的相关法规和科技指标，贯彻"基础网络保障、核心计算功能、应用精神指导、安全性能保障"的思想，时刻关注行业动向，掌握信息化核心技术，进行创新和改革。要鼓励高校管理信息化的模式创新，加强实验和尝试，将校园网络布局为主网络，在网络技术和各种信息化系统的协助下，开拓实用性功能，将办公系统、无限资源、网络环境等进行传递和共享。要加强硬件设施的资金投入和技术投入，要寻求校企合作，全面加强学生管理信息化的水平。

其次，创建"智慧校园"。高校中，数字化校园的实现将教学和管理工作推进了互联网时代，为高校学生带来了便利性。近年来，世界各国在信息化技术发展的浪潮中都开始高速发展互联网和信息技术，在应用和发展方面改变了人类的生活方式，给各种职业带来了全新的变革。同时，信息化时代带动了智能时代的到来，智能技术在生活中随处可见，智能交通系统、智能电网、智能医疗器械、智慧食品、智慧城市、智慧基础设施等将地球推进了智能化发展时代。"智慧地球"的概念也带动了智慧城市和智慧校园的发展进程。国内一批高校在信息化、智能化技术的带动下组建了智慧校园，如，南京邮电大学，为高校学生管理工作提供了新的操作模式。

最后，创新学生管理工作。学生的安全工作是高校的核心重点，平安校园的建设是高校目前的工作重点。高校现阶段要考虑的是如何在不影响学生的正常学习和生活的情况下，保障他们的安全性。现阶段，物联网在高校环境中的应用与日俱增，物联网通过无线数据侦测对事物进行识别和信息收集，并按照预先设定的程序进行处理并反馈给用户。高校的日常管理工作中，如果在教室、公寓、食堂、图书馆等地方布局识别系统，学生的一言一行都能够被实时监测，并反馈给有关部门。感应系统在公寓的应用作用更大，学生通过一卡通就可以随意进出公寓门禁系统，方便了学生管理和生活。

"物联网"的应用充分保障了学生的安全性，避免危险事故的发生。通过在不同的区域和手机系统中装载射频识别（FRID）芯片可以实时提醒学生要携带的东西。图书馆的借书、归化、搜索等也可通过FRID读取。基于位置服务（LBS）系统是一项高新技术，目前学生基本都有手机设备，这给LBS提供了良好的安装环境。

第五，管理方式方面建设。

首先，适应发展需求，创新管理方式。随着信息化的发展，高校管理模式也要发生变革，才能够符合当代学生管理的新需求，找到管理学生的新形式。高校信息化工作开展之前，要通过专业的信息化小组对项目进行专业管理、目标确认、奖惩执行和系统动力理论，通过结合项目管理的相关理论和实际经验全面管理项目，以期达到项目预期效果。管理需求的更新必然导致信息化项目的改变，主要是在流程和结构上进行相对应的更新，在不同的管理形式下需要不同的软硬件设备支持。所以，高校学生信息化管理的前提是要熟练掌握传统的管理模式，并找到与支持设备的匹配处。除此之外，高校管理人员要注重网络的开放性，要从传统手工的方式中转化为互联网的形式。高校学生管理人员要加强信息技术知识的学习，创新高校学生管理的新形式和新途径。

其次，利用信息化平台，提升精细化程度。精细化主要是在学生管理工作中要做到细致、精准，精益求精，要树立超高标准，要细致入微。要将信息化技术应用到学生管理工作中，推动整体水平的质量，并注重学生的个性发展需求，帮助学生全面发展。工作以学生为中心，注重学生个性的发展和个人的指导，全面提高教育效果。学生管理工作的精细化是一种目标、是一种态度，更是一种形式，是一种精耕细作的操作模式，是对学生的全面培养，对信息化技术的全面应用。要充分利用信息化平台的优势，来为教育工作提供动力，帮助学生管理工作实现精细化管理和服务。

再次，做好队伍建设，提高人员素质。信息化时代下，为了保障高校学生管理的水平，完成人才培养的任务，需要组建专业的高质量信息化管理团队。这个团队的组成人员既要有专业人士，又要有非专业人士，要涉及多领域的人员。①队伍除了具备基本的管理理论素质，还应该具备互联网和软件开发等技术水平，同时还要具有创新精神和创造力。②工作管理体制要与人才培养的目标相匹配，并能够及时进行调整。要明确流程顺序，分清各部门职能，要加强管理部门的决策能力，发挥管理人员的主观性和积极性。③要针对团队成员进行专业的培训，并创建长期的培训机制，发挥团队的特色，广泛涉猎多学科知识，以老成员带动新成员的模式进行培养。让高校管理人员不仅提高自身的互联网技术水平，还能够提高信息的优化组合管理能力，共同保障高校学生管理系统的运行。

最后，加强安全管理，完善信息化保护体系。高校学生管理要重视信息系统的安全性和保密性，这是学生管理工作中的重要内容。①充分考虑各个高校的网络信息安全性，配备与之适应的软硬件设备、安全防护系统等；②要设定严格的等级权限制度，根据不同的部门和身份创建不同的职能账号和权限，避免出现交叉重叠的权限设置，要确保所有工作人员管理好账号安全。③出台相关制度和规章维护信息安全性，针对信息泄露等行为制定相应的惩罚制度，保障学生管理系统的安全性能。

3. 高校教育中学生管理工作的创新路径

下面以大数据时代高校学生教育管理工作的路径创新为例进行分析。

（1）学生教育管理理念创新

"在信息与数据技术的支持下，学生的差异性特征将会以更加具体的数字化特征呈现，这是大数据时代高校学生教育管理工作的独特优势。"[①] 要想充分确保学生管理工作的顺利开展，就要保证学生的个人需求处于融合的状态，并重视其个体差异，在充分结合学生心理特征的基础上开展相应的创新工作。对学生教育管理进行分析可知，应当通过创新理念以及创新模式引导学生树立正确的世界观、人生观、价值观，促进其道德品质全面提高。与此同时，应当想办法充分发挥大学生的主体作用，将其综合能力加以提升。通常情况下，学生教育管理模式要尽可能多元化，在此基础上借助大数据的优越性，通过深度探索学生的行为实现对其学习状况与生活情况的科学把控，令大学生全身心投入其中，从以教师为中心过渡到以大学生为中心。客观地说，使常规的学生教育和课外育人活动相匹配，令学生自然而然地参与教育活动，继而提升教师教学水平。借助切实可行的教育模式充分发挥学生的主体作用，确保课堂教育和网络教育融为一体，提升大学生的综合素养，使学生管理工作目标得以顺利实现。

（2）学生管理工作模式创新

大数据时代，学生管理工作需要对管理模式加以创新，这样才能最大限度地满足大学生对管理的实际需求。从各大高校的角度出发，应当采取针对性手段建设管理平台，并在此基础上通过相关平台提升管理水平，对互联网技术手段进行充分利用，主动传播优质资源，继而促进网络平台利用率的全面提升。对互联网平台进行分析可以得知，该平台能够推动信息的高效传播，

---

① 元礼娜.大数据时代高校学生教育管理工作的创新路径［J］.食品研究与开发，2021，42（18）：246.

通过各种网络媒介，为学生提供与之相匹配的服务，促进学生身心健康发展。从客观的角度来讲，该平台可以加强师生之间的沟通，令原本较为紧张的师生关系得到有效的舒缓，教师协助学生借助该平台探索相应的信息内容，继而促进管理质量的全面提高。除此之外，高校还需要做到组织的扁平化发展，以往管理中，组织之间需要进行烦琐的匹配，将部门管理作为核心，没有重视对学生的管理。基于这种状态，高校运用互联网对每个部门进行整合，从而顺利形成与之相匹配的管理形式，以此来促进管理水平的全面提高。

（3）学生教育管理队伍强化

大数据时代来临，相关管理人员要想紧跟时代的脚步，就要拥有与之相匹配的专业水平，这样才能确保此项工作顺利进行。要定期或者不定期开展培训工作：一是辅导员心理健康知识；二是大数据整理分析；三是推动辅导员队伍专业化。将队伍综合水平加以提升，加大对新入职教师的培训力度，确保他们具备扎实的专业能力。与此同时，通过外出学习等方式将其综合水平加以提升。从高校角度来讲，应当借助合理的方式为管理队伍营造与之相匹配的工作环境，如，采取行之有效的激励机制，将该队伍的薪资报酬加以提升，使存在的各种问题都能够得到妥善处理。对各种规章制度与考核评估机制进行适当的优化，令该队伍的责任意识得到进一步强化。

（4）学生管理工作方式创新

从高校的角度出发，为了提高学生管理质量，应当对管理工作模式进行大胆的创新，只有这样才能做到与时俱进。在开展管理工作的过程中，应将学生思想理念作为核心内容，并在此基础上时刻调整工作模式，为此项工作有条不紊地进行提供应有的保障。就管理者而言，应当在第一时间转变自身的管理理念，以全新的视角看待此项工作，主动探索更加满足学生需求的管理手段，对各种网络技术进行充分利用，以推动管理工作的全面发展，为所有管理者管理水平的提升保驾护航。除此之外，此项工作的实施力度往往和工作人员自身水平存在密切的关系，这就要求相关工作者在具体管理工作中提升自身能力，这样才能令管理队伍的综合水平得到进一步提升。

高校需要将目光放在信息化内容的培训上，促使所有管理者熟悉互联网，继而协助学生处理一系列问题，为我国的经济建设输入新鲜的血液。高校应当采取针对性的手段，充分确保制度和管理人才的统一，并在此基础上提醒相关管理人员把工作落实到位，确保管理人员端正自身工作态度，有耐心、有责任心地为学生的发展指明方向。与此同时，高校应当构建切实可行的培训机制，在指定的时间对相关管理者做好相应的技能培训工作，帮助他们熟练掌握软件以及网络等方面的知识。

总而言之，随着大数据时代的到来，各大高校学生管理工作面临新的挑战与机遇，将高校学生管理工作落实到实际工作中，对提高高校管理水平、加快高校发展脚步等具有积极的意义。

（二）高校教育的行政管理创新

1. 高校教育的行政管理体系认知

（1）行政管理组织

行政组织有广义和狭义之分：广义的行政组织泛指一切具有计划组织、指挥、控制、协调功能的组织机构，包括机关、团体、企事业单位等各种社会组织中的行政事务管理机构。狭义的行政组织仅指国家机构中的执行机构，是行使国家行政职权、履行国家行政职能的法定主体，是各级、各类国家行政机关的统称。行政组织的含义不是单一的，而是由以下方面构成：①行政组织的静态主要体现在行政组织的机构设置、职责分工等方面。行政机构是行政组织的载体；②行政组织的动态主要体现在行政组织的计划、组织、指挥、控制、协调功能上。行政组织必须通过一系列活动过程来实现组织的目标；③行政组织的心态主要体现在行政组织是具体行政人员的组合，并通过他们的心智活动来实现组织的功能；④行政组织的生态主要体现在行政组织的产生、存在和发展，其都是随着环境的变化而调整的，行政组织具有开放性。

第一，行政组织的要素。

行政组织是由若干要素组成的有机整体。一个结构完整、功能齐全的行政组织，一般应该包括八种要素（见表2-3）。

表 2-3   行政组织的要素

要素	内容
组织规范	规范是维系组存在的纽带，是为了达成组织目标而设定的对组织内外的普遍性要求。行政组织作为一种层次繁多、结构庞杂的组织，其对组织规范的依赖更是不言自明。依法行政，是现代行政的发展方向。依法行政中的"法"包括行政法规、规章、制度、措施、规定、条例等。这些都是行政组织规范的具体表现形式。当然，组织规范并不仅是现代组织的要求，自有组织之日起，就有组织规范。组织规范的发展制约着组织形态和组织的发展，组织规范的完善程度直接影响着组织的发达水平
目标体系	行政组织作为一种体系庞杂、功能巨大的社会组织，必须具有清晰、明确的职能目标，而且行政组织的整体目标、各个部门的职能目标、工作人员的个人目标等众多目标必须合理分工、有机协调，从而形成一个完整的目标体系。整体目标是总目标，形成并指导和控制其他各级职能子目标和个人目标。各级职能子目标作为中间的关键环节，一方面要与总目标协调一致，形成对总目标的强力支持；另一方面，还要对个人目标进行具体的协调、指导和规范，保证自身目标的达成。而个人目标作为总目标和各级职能子目标的基础支撑点，必须与前两者保持一致，接受其调整和规范，同时个人目标也要与个人需要协调一致，从而形成个人努力工作的强大动力。总而言之，只有这三者有机整合、高度一致，才能保证行政组织的存在和健康发展

（续表）

要素	内容
机构设置	各种社会组织都是通过聚集人力、物力和财力资源，并对其进行重新分配、优化组合来实现自身的存在价值的。聚集各种资源的依据是目标，重新组合的依据是职能，而职能的实现必须依托于对人力、物力和财力资源的有形划分。依据目标和职能，对人力、物力、财力资源的有形划分就是组织的机构设置。换言之，机构设置的依据是目标和职能，机构设置的功能在于对各种资源的合理分配和优化组合
人员构成	人员是行政组织目标的达成者，是行政组织职能的履行者，是行政组织结构的设计者、构成者和改进者。人员是行政组织的基础要素，人员构成是行政组织的关键。任何行政组织要想充分发挥其职能，实现其目标，都必须对人员构成进行合理设计或及时调整。一般而言，行政组织应该由三种类型的人员构成：领导者、中层管理者、基层执行者。三者之中任何一个都不可或缺，否则，组织运行效率将受到影响
权责分配	行政组织的聚合作用产生组织内部的公共权力，对这种公共权力的合理分配是实现组织职能的基础和前提。如果没有足够的权力支持，任何部门和个人都无法有力地推动组织事务的解决和各种活动的进行。每个部门和个人都需要从组织那里获得足够的权力，当然，组织不会无条件地将权力分配下去，它要求行使权力的部门和人员在行使这些权力时必须恰当，权力的恰当行使既要求各个部门和人员拥有足够的权力，同时也要求他们承担因不恰当行使权力而产生的责任
资金设备	资金设备是行政组织赖以存在的物质基础，是行政组织财力、物力资源的总称。充足的资金和先进的技术设备，是提高行政效率的前提条件，是实现办公现代化的物质保障。当然，资金设备的节约，也是高效行政的基本要求
运行机制	规模庞大、层次繁多的行政系统需要开放、高效、灵活、顺畅的运行机制。运行机制是人力、物力、财力资源在动态层面上的存在形式。良好的运行机制在运行过程中会对组织内外的资源进行合理的安排和支配，以保证组织活动的顺利进行
管理理念	不同的组织拥有不同的管理理念，而不同的管理理念会对组织产生不同的指导作用。根据指导作用的差异，可以将管理理念划分为起积极促进作用的先进的管理理念和起消极阻碍作用的落后的管理理念。先进的管理理念是行政组织所必需的

第二，行政组织的特性。

首先，开放性。行政组织是一个开放性的社会系统，它同时受外部环境和内部因素的影响，其结构不是一成不变的模式。行政组织开放性的特征包含以下方面：①行政组织不是孤立存在的，而是处在与外部环境不断交互作用之中，它经常受到复杂多变的外部环境影响，是一个开放的系统。②行政组织内部由若干个分系统组成，主要包括两个方面：一是社会、心理和管理方面；二是技术和结构方面。因此，行政组织是一个社会技术系统。③行政组织是一个整合的系统，它协调各系统及其与环境的关系。这种开放性的特征，使行政组织成为一个输入输出的转换系统。

其次，系统性。系统性是行政组织在存在形态上的有机性和整体性，目标上的明确性和一致性，职能上的分工性和合作性，结构上的独立性和关联性，运行机制上的协调性和规范性。行政组织作为一种庞大的社会组织，其内部要纵向分层、横向分部、上下沟通、左右联系，各个部分密切配合，才能保证行政管理活动的顺利进行。可见，系统性是行政组织作为一种组织形态的重要特征。

再次，权威性。由于行政组织的主体——行政机关是公共权力的执行者，因此与其他各类组织相比，行政组织具有极强的权威性。行政组织依法制定和实施的法规、政策、方针、命令、规章、制度等，要求在其管辖范围内的任何组织和个人都必须无条件地遵守和执行。而除行政机关之外，广泛存在于其他社会组织中的行政职能部门，作为该组织主要的管理者，在其管辖范围内也同样具有较强的权威性。

最后，服务性与社会性。

服务性是行政组织的出发点和基本属性，可以从广义和狭义的行政组织两个层面来理解这一特征。从广义层面讲，除各级政府之外，广泛存在于各类社会组织中的行政组织作为组织决策的制定者和决策的主要执行者，既要为组织中的"立法者"服务，也要为组织中的全体成员服务，而且要为组织外部的有关人员服务，其服务性更为明显。从狭义层面讲，行政组织有"三个服务"。首先，行政组织作为上层建筑的重要组成部分，必须适应和服务于经济基础，为国民经济的稳定和发展服务；其次，行政组织作为立法机关的执行性机关，必须服从立法，为宪法和法律服务；最后，行政组织作为一个社会组织，又必须服务于社会和社会公众。

社会性。行政机关是行使社会公共权力、管理社会公共事务的国家机关，它具有管理社会公共事务的职能，这就决定了行政组织具有社会性的特征。行政组织的社会性特征具体表现为：设置大量机构管理经济、科技、文教、卫生、交通、邮电、环境保护和社会保障等社会公共事务，为全社会提供服务。其他各类行政组织作为存在于社会中的个体，是社会发展的产物，也必然具有社会性。其社会性体现在两个方面：第一，各类行政组织不仅要关注经济效益、政治效益，同时也要关注社会效益；第二，各类行政组织都不能脱离社会而存在，必须与整个社会进行交流和交换。

第三，行政组织的类型。为了便于管理和研究，行政组织可以根据不同的需要做以下划分：

首先，根据管理职权和管理对象的大小划分。根据管理职权和管理对象的大小划分，行政组织可分为高级行政组织、中级行政组织和低级行政组织。高级行政组织管理职权大，管理对象主要是全局性的、相对重大的事务；低级行政组织的管理职权小，管理对象主要是具体的执行性事务；中级行政组织则介于两者之间。就企业单位而言，经理层属于高级行政组织范畴，因而被称为高层管理者；部门经理层属于中级行政组织范畴，因而被称为中层管理者；车间主任、基层班（组）长等属于低级行政组织范畴，因而被称为基层管理者。

其次，根据管理职能涉及的内容来划分。根据管理职能涉及的内容来划分，行政组织可分为综合性行政组织和专门性行政组织。各级政府，无论级别高低，管理职权大小，均属于综合性行政组织。各级政府下设的职能部门一律为专门性行政组织，但其中比较特殊的是办公室，因其是综合职能部门，故应属于综合性行政组织。专门性行政组织可具体分为六个方面（见表2-4）。

表2-4 专门性行政组织划分

划分类别	具体内容
领导性行政组织	领导性行政组织主要是各级、各类领导机关，是各种组织内部的行政首脑机关、统帅机关，是行政组织各层级的中枢。其主要任务是对所辖区域的各项事务进行统一的领导、指挥、协调和控制等。这类行政组织的工作具有全局性和统率性
职能性行政组织	职能性行政组织是各级、各类职能机关。它是在领导机关的直接领导下，独自执掌某一方面行政事务的机关。它是根据行政需要，按照法定程序设立的领导机关的组成部门
直属性行政组织	直属性行政组织，即直属机关，是根据需要而设置的主管各项专门业务、为领导机关直接管辖的单独机构。它不是领导机关的组成部门，级别比职能机关低，主要负责人不列入政府组成人员，其工作具有较强的专业性
辅助性行政组织	辅助性行政组织，即辅助机关，是协助行政首长处理专门事，或负责政府机关内部综合、平衡、协调等工作的办事机关。辅助机关没有特定的专业事务，不能脱离行政首长而独立存在，因而也不能直接对各专业职能部门行使指挥和监督职权。只有在特别授权的情况下，它才可以代表行政首长行使一定的权力。辅助性行政组织的工作具有综合性的特点
咨询性行政组织	咨询性行政组织，即咨询机关，也称智囊机关或参谋机关，是指专为各级、各类领导性行政组织出谋划策的机关。其职能就是出主意、当参谋、想办法。由于现代社会日益信息化和经济日益全球化，咨询性行政组织的作用越来越重要
派出性行政组织	派出性行政组织，即派出机关，是各级人民政府为减少管理幅度，通过法定程序在所辖区域内设立的代表机关，它不是一级政权机关，其权力源于上级人民政府的委派或延伸。如街道办事处、税务所等，都是派出性行政组织。派出性行政组织的任务主要是执行和督促执行上级政府机关的决定、决议，反映基层群众的意见和要求，发挥承上启下的作用

第四，行政组织的功能。

行政组织作为一种社会组织，具有的功能为：①"聚集"功能，即为实现组织目标，将各种人力、物力、财力汇集成一种合力；②"转换"功能，即将汇集起来的各种要素，进行加工、整合，实现资源的优化配置；③"释放"功能，即将经过组织加工转化之后形成的新的能量释放出来，达到处理公共事务的目的。行政组织的作用主要体现在两个方面：一是执行国家的法律和政策或实施组织的决策，这是由行政组织的行政性决定的；二是管理或参与管理社会公共事务，为社会公众服务，这是由行政组织的社会性决定的。

（2）高校行政管理的职能

各高校的行政管理职能可以大体分为统治职能、社会服务职能和社会管理职能。

第一，统治职能。各高校的行政管理的统治职能是，各高校要以国家下发的各项教育方针政策为依据来进行教学。

第二，社会服务职能。社会服务职能体现在，行政管理组织按照各项规章制度来组织高校的非行政人员进行教学和科研研究等行为。行政管理人员要处理好各种问题，全方位地使高校的各个教职工都能在自己的岗位上勤劳奋斗和爱岗敬业，最后实现高校的预期目标。

第三，社会管理职能。社会管理职能主要表现在，行政管理人员通过履行具体的管理职责，能够对高校的教职工进行正确的规范性的指导。

上述职能的决定性在于我国的社会主义性质，对于我国各高校在教学和科研方面起到重要的作用。各高校的行政管理职能对各高校的教学起到保障作用，所以要在拥护高校行政管理职能的基础上，不断地完善和创新各高校的行政管理职能，只有这样，各高校的教育水平才能得到提高。

（3）高校行政管理的机制

要想充分地发挥各高校的行政管理职能，首要问题就是要不断地对运行机制进行创新和改革。这就要求各高校要有一个良好的运行机制来对其工作进行保障，这样才能够使各高校的行政管理人员得以安稳地工作，才能更好地调动行政人员的积极性。总体而言，各高校的行政管理运行机制包括决策机制、竞争机制和动力机制三点。

决策机制。高校要做到科学与民主的统一，高校只有拥有良好的决策机制，做好科学与民主的统一方能在行政管理过程中做出最合适的行政决策，才能最大限度地保障高校行政管理的合理运行。

竞争机制。竞争机制是各高校行政管理机制中一个必不可缺的重要机制，而竞争机制的建立，主要体现在教学水平和高校师资队伍的管理上，体现在教学与科学研究上，后勤保障等方面也有明显的体现。市场经济的重要法则之一就是竞争。高校行政管理引入竞争机制，对于行政管理人员的创造性和主观能动性的发挥起到了重要的督促作用，这有利于提高高校行政管理工作的效率。

动力机制。高校行政管理的动力机制，包括其内在的吸引力，外界的压力与吸引力。其中，吸引力包含了各高校在其硬件设备上对外界的吸引力因素，包括各高校的办学条件、校园环境、办学历史和学术氛围等。各高校只有具备了吸引力，才能形成能动力和向心力。就目前各高校的现状来讲，各高校的行政管理人员和教职工的价值观是各个高校前进路上的动力所在。有着一个良好的内在动力，方能使他们保持一个良好的工作状态。而外界的压力又主要包含了高校在社会上的口碑、国家对其的重视程度、各高校的教育目标等。

2. 高校教育行政管理人员的专业化建设

（1）高校行政管理人员专业化建设的策略

第一，转变思想，树立现代化教育管理理念。加快高校行政管理人员的专业化建设的前提应该是坚持树立科学、正确的高校管理思想，体现高校与义务教育的区别，坚持转变管理理念以及思想观念，行政管理人员一定要对自身的工作职责以及目标具有准确的定位。一定要加强专业化的培训管理工作，进一步深化改革，完善并加强制度建设，为高校行政管理工作提供可靠保证。

观念先于行为并指导行为，倘若想要提高教育管理水平以及办学的综合效益，那么就一定要改变传统的思想观念以及思想意识，进一步提高对教育管理工作的认识以及专业化的重视，树立科学的管理理念以及思想意识。为了进一步促进我国教育管理事业健康发展，早日实现进入世界一流水平的目标，一定要建立正确、科学的管理思想。建立科学的教育管理思想需要注意以下关系：

首先，管理和服务的关系。管理不仅是指挥，还是为人们提供服务，因为管理与服务本来就是互相矛盾的事务，但两者又存在辩证统一的关系。如果服务工作做得令人满意，那么这将会对管理工作起到正面的、积极的作用，因此，科学有效的管理实际上自身就是很好的服务行为。

其次，科学管理与经验管理的关系。我国的教育规模变得越来越大，文化普及程度也逐渐提高，高校与社会的联系也变得更加紧密，如果在这个日新月异的时代仍然凭着经验进行管理，那么我国的教育事业将很难对社会的变化做出非常灵敏的反应，也不能预测阻力的发生。因此，教育行政管理人员应该铭记科学管理，让管理出效益、出成果，管理就是教育的生产力，管理也是一门艺术。

第二，深化改革，加强管理队伍专业化建设。教育管理的相关工作者应该严格把控"入口关"，加强行政队伍的专业化建设。在现有的管理团队中可以选派一些不仅仅具有较高学术造诣又具有管理和组织能力的业务骨干，将他们设置在学术性的管理工作岗位中。教育管理工作人员中，有些人员有志在行政管理工作中大展宏图，具有很强的责任心、较强的业务能力、较强的综合管理能力，善于协调各方面的行政事务，具有科学的管理思想，善于学习充实自身，努力提高这些人的政治素养以及思想觉悟，将有利于以后行政管理工作的开展。教育管理一定要按教育的规律办事，将有先进教育思想、丰富行政管理经验的人才培养成学术型管理人才。为热忱于教育行政事务的人才提供良好的发展平台，并将其列为重点培养对象。对于长期从事行政管理工作的企业家或者经济师等，可以将他们安排在与行管理工作相近的岗位，这将会有助于改变教育机构故步自封的现象。

第三，加强培训，提高行政管理人员专业化水平。依据管理人员的发展方向进行有目的地培养，只有这样，管理工作才会更具有成效。对在校的行政管理人员进行脱产学习与实际不相符，因此施行校本培训是最佳的选择方案。而且校本培训可以更具有针对性，根据本校行政管理工作的实际需要进行培训，由学校的人事等相关部门进行策划，可以外聘培训机构的人员，要讲究培训课程、培训方式的专业化，目的是提高行政管理人员的专业化水平。高校应该加强对专业化的重视程度，完善管理制度，改进管理理念，提高管理技术，科学运用管理方法，从而提高行政管理人员的专业化水平。

3. 高校教育行政管理的创新路径

"行政管理作为高校管理的重要组成部分，其管理工作在大数据时代也迎来了新的挑战，如何落实行政信息化管理逐渐成为高校提高自身教育管理信息化水平的重要基础。"①

（1）大数据时代下高校行政教育管理信息化建设的意义

随着近年来科学技术的不断发展和广泛应用，大数据现已成为当前社会发展的最强辅助动力，在推动国民经济进一步发展的同时，也为行业的革新

① 刘奎汝.解析大数据时代高校行政管理信息化建设［J］.中外企业家，2020，（18）：40.

注入了新元素。高校作为人才培育的主要场所，高校管理一直以来受到了社会各界的高度关注，为此加快高校学生管理信息化建设，用信息化管理取代传统管理模式，不仅有效地打破了传统管理的局限性，规避了传统管理问题的再次发生；与此同时，在促进高校综合发展以及提高学生综合竞争力等方面也发挥了重要性作用，是全面有效落实管理工作的重要战略基础。

客观来讲，大数据技术能让高校行政管理工作从宏观转向微观、从群体转向个体，在一定程度上"用数据管理、用数据决策、用数据创新、用数据说话"模式的应用，不仅能提高高校行政管理工作质量和工作效率；此外，从某种意义上讲，通过挖掘学生日常生活所产生的多元化信息数据对学生行为和思想进行全面化分析，还能加快高校数字化、科技化校园管理模式的实施进程，以此在深化高校管理信息效益的基础上，全面提升高校教育管理信息化水平，最终为预期管理目标的实现奠定良好基础。

（2）大数据时代下高校行政教育管理信息化建设的策略

第一，建立健全完善的高校信息化教育管理平台。在当前大数据时代下，信息化管理逐渐取代传统人工管理，成为现阶段高校行政信息化管理的主要手段，但为从根本上确保行政信息化管理模式应用效益的最大化发挥，加快高校行政信息化管理平台的建设，是现阶段高校行政管理信息化建设工作的重中之重。信息管理平台的建设在一定程度上不仅能确保高校行政信息化管理工作落实到位，与此同时也为高校各个部门之间的沟通创建了良好平台，最终在确保沟通有效性、及时性的基础上，使教育管理系统处于创新活力的状态，以此在确保各项教育工作有效落实的同时，为预期管理目标的实现奠定良好基础。

在高校信息化教育管理平台建设过程中，为确保平台创建效益的最大化发挥，高校行政信息化管理部门工作人员在创建过程中，需要始终秉承着"以学生为本"的建设思想，要站在高校学生们角度上看待管理方面的问题，以此在确保各项管理工作有效落实的同时，为高校学生营造一个适合他们的学习生活氛围，最终为预期管理工作目标的实现奠定良好基础；此外，在行政信息化管理平台构建过程中，行政管理部门还需结合高校自身情况，将网络教育活动的举办变为常态化教学内容，以此为后期高校行政信息化管理工作的开展奠定良好基础。

第二，构建科学的行政信息化管理人员培训机制。高校行政信息化管理工作人员作为高校行政信息化管理的执行者，其自身专业能力和信息化意识水平的高低，在一定程度上对高校行政管理信息化建设工作的开展具有重要影响，因此为从根本上确保管理信息化建设工作的顺利开展，要构建科学完善的高校行政信息化管理人员培训机制，其也是当前提高院校创新力、活力和竞争力的重要方法。在大数据时代背景下，为确保互联网与行政管理在创新和使用中的稳定性，高校需要从根本上提高人员选拔标准，在确保聘用工作人员无论是专业能力还是综合素养，都满足高校行政信息化管理工作有序开展需求的基础上，还需要加强专业技术人员的日常维修和调试工作能力，由此在提高教师数据运用能力和信息化意识的同时，为预期管理目标的实现奠定良好基础。除此之外，在对信息化建设人员和管理人员培训过程中，前期高校需对建设和管理人员进行信息化系统的浅表培训，后期在日常工作中对他们进行更为系统的培训，由此在帮助他们养成自主学习意识的同时，为高校行政管理信息化建设作业的顺利实施奠定良好基础。

第三，完善高校行政信息化管理工作的设备保障。高校在进行行政管理信息化建设过程中，管理工作设备的先进度对于行政信息化管理工作质量和效率也具有重要影响，因此在当前高校行政信息化建设过程中，完善高校行政信息化管理工作设备也是高校行政管理信息化建设作业的重要工作内容。由于高校行政管理部门工作人员受传统管理理念以及管理模式根深蒂固的影响，对于新事物的接受能力相对较弱，在大数据时代下，高校虽然加快了信息化系统的构建，但在后期行政信息化管理过程中，仍采取较为传统的管理设备，在影响后期各项工作开展质量和销量的同时，也无法有效地确保学校机密信息安全，高校的整体发展也势必受到一定影响。

在进行高校行政管理信息化建设过程中，高校的管理者需加强对学校内部信息化的建设，与此同时为确保管理系统在网络使用高峰期的稳定性和安全性，行政管理信息化建设过程中，工作人员还需适时调整高校网络安全性和稳定性。在推进高校管理工作稳步进行的同时，也保证了学校机密信息的安全；此外，为促进高校各部门之间的信息共享，在进行信息管理系统设置时，还应该充分利用数据融合技术，以此来提高学校的行政管理工作效率。

总而言之，大数据时代的来临，给高校行政信息化管理工作带来新机遇的工作，也使其面临着巨大挑战，而如何确保行政信息化水平的稳步提升，也成为现阶段高校行政管理信息化建设作业的重中之重，是提升院校创新力、活力和竞争力的重要战略基础。为此在当前大数据时代下，要想确保信息化建设作业落实到位，就要建立健全完善的高校信息化管理平台，构建科学完善的高校行政信息化管理人员培训机制，以及完善高校行政信息化管理工作设备，其亦是保证学校在高速发展过程中维持行政管理稳定、推进院校整体发展的重要基础和根本前提。

第三章　高校教育教学机制及内容构建

第一节　高校教育中的教学机制

所谓机制，字面意思既可以指有机体的构造、功能及其相互关系，又可以指机器的构造和工作原理。但是，本书此处的意思，其实"是一种社会学范畴下对领域具体解析的概念，根据相关知识，可以分为推动机制、发展机制、联系机制等，其本质则是用于描述动力和事物发展过程之间运动、发展的内在联系"[①]。而推动机制、发展机制、联系机制这三种机制之间的相互联系，能够有效促进社会有效力量的形成，从而促进事物在历史长河中的发展和变化。而且，是向积极的方面发展，有助于促使低级别的事物向着高级别的方向发展。因此，这一机制在高校教育改革的应用过程中具有重要意义。高校教育教学改革的动力机制就是这样一种宏观变化大的机制，在借助外部

---

① 柳文华. 高校教育教学改革的动力机制探讨［J］. 教育现代化，2018，5（3）：54.

动力机制的引导作用下，结合内部动力机制这一基础，两者相互借鉴，从而在整体上推动高校教育教学改革的发展。

一、高校教育中教学机制的外部动力因素

高等学校更加强调学生的自主学习，高校学习期间，学生的学习更加自由、更加独立，学生的学习方式以及教师的讲课方式都和之前的教育方式存在不同之处，教育的可变性有了明显提升。从当下的现状来看，国内高校教育改革时，在宏观方面会遵循政府的指导，在内部会借助师生的积极参与。所以，整体来看，教育改革受到了多个动力因素的推动。其中，外部因素主要指的是社会环境中的因素，具体如下：

（一）科技因素

从目前的发展来看，科技对于一个国家来讲至关重要，科技代表一个国家的国际力量，代表国家现代化的发展水平。科技对于教育的发展也至关重要，在教育改革当中体现出了重要作用。很多高校的改革之所以呈现出了惰性特点，是因为没有为改革提供足够的经济力量与科技力量支持。教育受到传统教育观念的影响，一直强调培养学生的知识能力，而没有注重培养学生的实践能力，而科学极其注重实践能力、动手能力，也是当今社会前进所依赖的第一生产力，就像是社会快速发展的催化剂，极大地推动了社会前进。在这样的情况下，教育改革想要顺利完成就必须注重科学的重要性，也必须清楚地知道科学发展所带来的挑战。教育只有改变教育观念，从传统教育模式下走出来，真正地结合科学技术，才能真正迎来快速发展，才能真正完成改革，才能真正解决先进发展要求和落后教育手段之间的矛盾。

（二）经济因素

人存在社会当中需要依赖物质支持，一个社会的经济发展会直接影响到社会精神发展，影响到人民的生活水平。经济同样也会对高等教育产生重要影响，高校进行教育改革时需要依赖经济发展提供的物质资源，这样才能顺利推进。举例来说，高校想要完成制度体系方面的改革，本身的经济条件必须允许，否则改革所需要的各项设施没有办法配备完备。与此同时，高校在经济利用方面所进行的改革会对整个高校发展的各个环节产生影响。综合来看，经济对于高校改革的作用主要体现在丰富教育体制、完善教育结构等方面。

（三）人文因素

对高校教育改革有影响的人文因素比较多，比如，人们的价值观念、人们的心理认知或者思想水平等都会在教育改革当中发挥重要作用。传统教育对知识水平提高的单方面关注不利于教育更好地发展，所以，教育改革需要将培养学生的操作能力、实践能力、人文情怀的内容引入进来。

（四）竞争因素

一般情况下，相同领域的高校之间会存在竞争，不同高校之间存在的有利竞争可以促进高校向着更优秀的方向发展，高校发展的不足之处可以慢慢得到弥补和改进。竞争因素可以和政府因素、经济因素、人文因素共同发挥作用，推动高校改革更好地完成。

二、高校教育中教学机制的内部动力因素

内部动力因素可以在一定程度上推动高校教育改革的顺利完成，但是，仅仅借助外部动力因素是不够的，学校内部动力因素也需要发挥作用，学校只有从内部着手展开改革行动，教育改革才能真正完成。

首先，人才因素。高校存在的主要任务是培养国家需要的全方位发展的人才，所以，对于高校教学改革来讲，人才因素是至关重要的内部动力因素。在高校持续扩招的情况下，很多学生都有了进入大学学习的机会，这不仅有利于专业人才的培养，也有利于我国社会的更好发展。但是，在扩招的情况下，很多学生原本的能力水平可能达不到学校的要求。在这样的情况下，学校就必须进行改革，以此来更大程度地培养人才，实现人才能力水平的提升。

其次，教育因素。改革，顾名思义是将学校的发展不足、发展缺陷等问题处理好，清除发展过程中遇到的一些不良现象，以此来保证教学可以满足社会发展需要。目前，高校教育当中有一些问题没有得到合理控制，有一些不符合常理的地方没有被清除掉，因此，高校必须积极推进改革。

最后，自主因素。在社会快速发展的情况下，高校也获得了越来越多的自主权。高校在使用自主权的时候需要社会政府做出宏观调控，只有这样，高校做出的自主决定、制定的自主发展政策才能和社会发展方向保持一致，高校的教育发展才能满足社会提出的发展需要。

三、高校教育中教学机制的内外部动力因素

在内部因素和外部因素共同配合的情况下，高等院校教育改革可以顺利推进。自然界中，任何事物的发展都需要同时借助内部力量的支持和外部力量的支持。从高校改革发展的角度来看，高校改革的完成需要国家和政府进行宏观调控，与此同时，科技、人文、经济等外部因素也需要发挥作用。除此之外，高校自身的内部因素也需要发挥调控作用，高校的师生需要积极主动地参与教育改革，学校内部也要公平分配教育资源。

综合来看，在社会时代快速发展的情况下，高等院校也需要开展教育改革，教育改革需要同时考虑内部因素和外部因素的作用。在改革的过程中，高校需要做好分内之事，需要积极发挥自身的主动性。在高等教育改革成功推进的过程中，高校将会为社会持续输送社会需要的人才。

第二节　高校教育中的课程建设

课程是高校教学建设的基础，课程建设是学校教学基本建设的重要内容之一。加强课程建设是有效落实教学计划，提高教学水平和人才培养质量的重要保证。下面以课程思政与思政课程协同育人为例阐述高校教育中的课程建设。

思想政治教育工作的开展并不是一蹴而就的，需要长期且稳定的坚持。虽然思想政治教育的教师和其他的专业教师向学生传授的内容有一定的差距，但

是，他们有着一样的目的，就是希望培养出可以满足社会发展需要的专业人才。在专业教师和思想政治工作教师有一样的教育目标的前提下，教师可以展开合作，共同地为培养出社会需要的人才而努力。对于人才来讲，具备专业技能是前提，但是，更重要的是需要具备开展专业研究的钻研精神。课程思政的目的是通过课程教育的方式培养学生形成钻研精神，让学生具备一定的精神力量。在开展课程思政的时候，需要遵循社会主义核心价值观的指引。

一、"课程思政"与"思政课程"协同育人的意义

（一）高校落实立德树人任务的需要

高校存在的本质任务是立德树人，为了完成此任务，高校当中的所有教育人员需要通力合作，共同完成对人才的培养。专业课程教师在对学生进行思想政治教育时，需要考虑到学生在思政课程当中已经学习到、了解到的内容，也需要知道学生对思想政治教育内容的理解程度，在此前提下，教师可以综合多种思政元素，针对性地为学生提供思想政治教育。如果教师没有考虑实际情况，只是单纯地寻找专业课程当中的思政元素，那么开展的思政教育就无法体现出针对性，教育效果可能没有办法真正体现。而且课程思政和思政课程之间的教学也不会同步，没有办法形成协同效应。相同的道理，思政课程教师也需要在开展教学的时候，联合学生的专业知识，这样才能和学生展开深层次的互动，才能吸引学生的兴趣，否则学生不会将学习到的内容连续应用到实际当中，内容自然也无法在学生的生活当中发挥引导作用，教学效果也不会有实质性的提升。课程思政和思政课程不能独立发展，二者需要有一定程度的协同，这样才会在人才培养方面形成合力，高校才能完成立

德树人的教学任务。综合来看，高校在全校范围内推进课程思政教学工作的时候，也需要保证思政课程和课程思政之间的协同，这样才能为社会输送更多优质的符合社会发展需要的社会主义接班人。

（二）"课程思政"与"思政课程"发展的需要

1. 二者协同可以提高课程思政的发展质量

目前，高校除了强调专业课教师需要积极挖掘课程思政元素、努力推动课程思政建设之外，还需要从总体角度促进课程思政和思政课程之间的协同。二者的协同需要高校从总体角度进行宏观调度，经常组织专业课和思政课的教师互动，沟通学生的学习情况，并且建立育人团队，整合育人资源，对专业课教师展开相应的培训，让专业课教师可以对思政内容有更深层次理解，有更强的运用能力。综合来看，学校从全局角度推动思政课程和课程思政之间的协同发展会在一定程度上提高了课程思政的发展质量以及专业教师开展思政教育的能力。

2. 二者结合可以让思政课程教学体现出更强的针对性、更强的亲和力

思想政治理论课程的创新主要在于让课程不再枯燥，让课程显现出更强大的亲和力，这样理论才会变得鲜活，才更容易被学生接受，被学生运用。思政课程和课程思政之间的协同发展可以让专业课或思政课程的教师开展更深层次的沟通与交流，思政课程的教师也会因此对学生所学习的专业有更深层次的了解，知道学生的发展情况，这样，思政教师在开展教学时才可能将教学和学生的专业结合，才可能针对性地使用与学生专业发展或者与学生未来从事的行业有关的具体事例来向学生阐述相关的思想政治原理。在这样的情况下，思想政治教学必然有更大的亲和力，针对性也会明显提升。

二、"课程思政"与"思政课程"协同育人的基础

"课程思政"与"思政课程"都属于高校思想政治教育的重要组成部分，两者通过不同方式开展育人教育，提升育人质量，落实立德树人根本任务。因此，两者具有内在的本质联系，以及高度一致性，奠定了"课程思政"与"思政课程"协同育人的基础。

（一）思政课程和课程思政设立的目标都是立德树人

无论是思想政治课程还是专业课程，都必须对学生进行思想政治教育，都必须承担思政教育的职责，如此，高校才能形成三全育人的教育格局。课程思政要求教师从专业课程当中挖掘与思想政治有关的元素，然后在教学当中让学生潜移默化地受到思想政治教育，这样学生就可以在学习专业内容的同时接受思想教育，从而提升道德素质水平。思政课程主要是通过系统地学习思想政治理论和内容对学生进行教育。综合来看，虽然两种教育方式存在一定的不同之处，但是，它们都是为育人服务，它们的终极目的都是立德树人。

（二）思政课程和课程思政能够做到功能方面的相互补充

课程思政教师需要将专业课程当中涉及的思政内容挖掘出来，并且在专业教育当中对学生展开隐性的育人教育，这在一定程度上使得思想政治教育范围扩大，思想政治教育的发展可以达到更深的深度。思政课程主要是通过教师的系统分析、系统讲解，让学生构建思想政治内容体系，学生可以系统地了解思想政治内容。思政课程教育属于显性的育人教育方式，思政课程和课程思政协同发展之后，育人教育做到了显性、隐性两方面的结合，也做到

了理论和实践之间的结合。所以，综合来看，二者功能互补，高校育人效果会有明显提升。

（三）思政课程和课程思政使用相同的育人规律

因为二者有相同的教育目标，都是为了将学生培养成全方面发展的人才，所以，二者必然会使用相同的育人规律，必然会按照相同的教育要求开展教育活动。除此之外，二者在进行人才培养时使用的都是课程教学的方法，所以，需要遵循相关的课程教学要求。所以，无论是思政课程教学还是课程思政教学，教师都需要参与培训，都需要了解学生的学习情况，都需要进行教学创新。在这样的情况下，二者的协同发展会更顺利，高校也会获得更大的协同发展空间。

三、"课程思政"与"思政课程"协同育人的前提

思政课程和课程思政二者能够协同发展，是因为二者的育人目标是一致的。教育事业本身就以立德树人为基本目标，教育主要是通过课程为载体，对人才进行培养，所以，高校当中设置的课程都应该发挥育人的作用。思政课程因为和思想政治教育有关，所以在育人方面具有独特优势，相比之下，其他的课程想要发挥育人作用就需要借助隐藏在课程知识当中的思政元素。所以，其他课程的教师必须挖掘思政元素，并且将思政元素和课程内容教学融合在一起。思政课程和课程思政使用的教学方式不同，教学效果的发挥也不一样，但是它们的目标一样，所以，可以开展协同育人工作。

立德树人有非常丰富的内涵，一直是教育事业发展的核心内容。在中国古代，古人先贤们就强调立德树人，可见立德树人至关重要。在新时代依旧要坚

持立德树人。对于人才培养来讲，育人和育才一直都是非常重要的两方面，二者需要做到和谐统一。在育人和育才当中，基本和前提是育人，人只有有了品德之后，才能在社会当中立足，他的才能才会真正发挥价值。品德的培养直接影响一个国家的前途发展。教育首先要思考的问题就是培养出怎样的人才，我国在开展教育活动时，始终把德育教育放在最重要的位置，在社会快速发展的情况下，人才培养也出现了新的标准，即全面培养。新时代人才不仅要全面培养，而且要培养成社会主义接班人。立德树人教育任务的完成不能完全依靠思想政治课程，其他的课程也需要在培养人才的过程中承担育人职责。所以，思政课程和课程思政需要合作，这样才能取得事半功倍的效果。

（一）思政课程以显性的旗帜引领方向

培养大学生的世界观、价值观以及人生观时，主要依赖的是思政课程，思政课程可以系统地以理论化的方式对大学生进行德育教育，这种教育是显性的，它可以通过理论的方式系统地回应学生思想发展过程当中遇到的问题，帮助学生解决思想困惑。大学生可以从思政课程的学习当中了解到强大的真理，在学习的过程中，大学生也能够树立正确的理想信念。掌握真理之后，大学生可以在当下的全球变局当中确立正确的方向，坚持自己的信仰，这既有助于中华民族伟大复兴梦的实现，也有助于中国特色社会主义现代化强国目标的完成。

（二）课程思政以隐性的方式全面育人

课程思政可以将思想政治课程之外的其他课程当中涉及的思政元素深层次地挖掘出来，挖掘之后，课程教师可以有意识地引导学生在学习专业知识的同时接受隐性的思想政治教育。课程思政将思想政治教育和专业学习融合，这在一定程度上扩大了高校育人的范围，实现了教育全过程育人。课程思政不是一个学科，也不是一个单独的课程，它是一个全新的课程观念，强调通过隐性的方式让所有课程都能够发挥育人作用，让所有课程都能够引导学生培养正确的价值观。课程思政的教育内容都隐藏在专业课程知识当中，课程思政的教育方式相对隐蔽，强调自然和巧妙。课程思政教育效果追求的是润物细无声，而不是惊涛拍岸。虽然课程思政是在通过隐性的方法进行教育，但是隐性并不是隐藏教育的政治性以及教育的意识形态性。

高校在培养人才的时候，培养基础是给人才传授知识，培养本质是提高人才的能力水平，培养宗旨是完成人才的价值塑造。通过这三方面的培养，人才就可以变成社会需要的人才。但是，在人才培养过程中，如果只关注知识和能力培养，而没有对人才进行价值观方面的培养，那么人才所掌握的能力和知识将没有具体的依归。课程思政让所有的课程教育都上升到了思想政治教育的层次，让所有的课程都可以在人生观、价值观以及世界观培养方面发挥作用。所以，课程思政建设可以说是高校人才培养时的重要战略。

以立德树人为中心，可以发现思政课程和课程思政具有一致的目标、一致的方向、一致的教育要求和一致的教育功能，所以，以此为前提，思政课程和课程思政之间可以实现有效协同。在二者协同发展的过程中，思政课程需要在显性层面发挥引领作用，课程思政需要潜移默化地影响学生，为思想政治教育的发展提供更多的资源，让学生学习到的思想政治理论知识可以在专业学习过程当中得到印证。在二者的有效协同下，学生的信仰树立会更加牢固。

四、"课程思政"与"思政课程"协同育人的实现

目前，教师必须借助课堂教学这一主要渠道向学生灌输思想政治教育知识，让知识可以内化变成学生的人生信念。课程思政主要是通过润物细无声的方式对学生展开隐性教育，这种教育方式需要关注以下六点内容：

（一）思政元素呈现方式注意"明暗适度"

明暗适度是指思想元素呈现的显性程度和隐性程度需要适当，但是，无论以哪种方式呈现出来，课堂教学应该着重体现的都是思政元素的启发作用以及引导作用。在思政教育过程中，学生需要主观能动地内化吸收知识，而不是被动地接收知识。思政教育和传统教育存在很大的不同之处，教师在将思政元素和知识内容融合的时候，需要注重二者之间的关联，不能生搬硬套。否则，思政元素没有办法真正发挥作用。举例来说，数学教师在讲解数学理论知识的时候，也应该向学生传递数学研究者的探索精神或者创新精神，让学生在学习数学理论知识的同时也能够感受到数学的魅力，让学生对知识的探索过程形成兴趣，培养学生的主动探索精神、创新精神，此种课程思政就没有拼凑痕迹，思政教育能够发挥出更好的教育效果。

（二）思政元素融入课程知识注意"多少适量"

在教书的过程中开展育人活动并不是要求使用大量的思政元素。课程思政建设过程中需要注意课程知识点和思政元素之间的比例划分，课程思政仍然应该以课程内容、课程知识为主，在此前提下，可以适当地融入思政元素，以此来对学生开展潜移默化的隐性教育，培养学生的理想信念、价值观念。

思政元素和课程知识之间的融合并不是课程知识为思政元素提供服务、提供支持。教师只需要在课程知识和思政元素相对匹配、相对容易结合的情况下对学生进行思想政治教育即可，并不是每一节课都需要挖掘思政元素，也并不是每一节课都要展开思想政治教育。

（三）思政育人课程教学环节注意"疏密得当"

课程思政必须遵循教育规律、学生发展规律以及教学规律。课程思政必须让课程知识能够落实到所有的教学环节当中。课程涉及的教学环节主要有课堂讲授、课堂训练、课堂延伸活动以及课堂教学管理活动。课程思政内容的讲解不能只是单纯地出现在课堂讲授环节，也应该出现在其他的环节，课程思政应该在所有环节引领学生的思想发展。但是，思政元素在融入各个环节时，需要疏密得当，也就是思政元素在每一个环节的出现最好要做到均衡。

（四）思政元素选取知识点注意"高低适中"

思想政治教育包含的内容非常多，而且可以做详细的划分。在这样的情况下，课程思政要求专业课教师根据课程的知识选择适合的思想政治教育内容。与此同时，教师也需要考虑到学生的思想发展规律，在学生思想信念逐渐发展成熟的情况下，教师也应该为学生提供更加成熟的、更加符合学生需要的思想政治教育内容。而且在不同的教学阶段课程，思政所提出的育人要求、育人目标也存在差异，高校要考虑到学生所处教育阶段的具体发展规律、成长规律，然后结合学生的个性发展需要为学生提供匹配的思想政治教育内容。除此之外，高校还要考虑到学生所处专业、所学学科、所处学段的不同，为学生设置高低适合的思政内容。只有在匹配适合的情况下，马克思主义理论才能真正发挥思想方面的引领作用，才能培养学生形成正确的价值观念、世界观念以及人生观念。

除了内容选择要符合高低适中的标准之外，教学设计方面也需要遵循高低适中的规律。教学设计需要以课程知识为基础，不能随意设计，不能随意发挥。课程实施中必须紧跟课程知识，必须时刻和课程知识保持在同一水平、同一阶段。教学设计要注重课程思政和课程知识之间的协调统一。与此同时，在教学设计时，教师也要选择符合学生目前身心发展需要、现实能力且和学生日常生活相贴近的教学素材，这样更容易获得学生的认可，思想政治内容更容易被学生接受。除此之外，教师也可以使用现代化的设备技术为学生提供更加形象、更加生动的思想政治教育素材，改变学生接受思想政治内容的方式。当学生看见思想政治教育内容以他们喜爱的方式出现时，他们便不会觉得思想政治教育内容枯燥和抽象，从心里接受角度来讲，思想政治课程内容更容易走入学生的精神世界。

（五）思政元素挖掘注意"内容适宜"

思想政治教育工作没有办法在短时间内取得较好的成效，高校也没有办法快速地完成立德树人教育任务。所以，高校必须持续稳定地推进思想政治教育工作，通过润物无声的方式让思想政治教育内容被学生接受、被学生领悟。专业课程和思想政治课程之间的协同可以以波浪形方式或者螺旋形的方式助推思想政治教育的更快发展，而且二者的协同扩大了思想政治教育范围，实现了对学生的全方位思想政治教育培养。

专业课程当中涉及的思想政治教育资源或者教育内容来自社会实际，并不是从理论当中单独抽象地推断出来的。相反，它是各个学科在社会实践当中获取到的，来自实践，并且从实践的角度验证了正确性。根据各个专业课程知识的实践，人们可以检验理论逻辑是否正确。思想政治教育元素有很多来源于历史，也有很多来源于社会现实。它在继承传统历史经验的同时，也与时俱进地发展，在继承传统优秀文化的同时，也在创新，并且它的发展始终注重实际和理论内容的结合。

挖掘思政元素时，应该注重内容挖掘的灵活性，要挖掘出适合该学科特点的内容，内容挖掘应该做到适当。不同学科当中包含的思想政治内容会有所差异，而且课程思政教育过程中，教师也应该考虑到学生所学专业、所学学科的具体特点，针对性地对学生展开思政教育。教师不能笼统地要求所有学生单纯地从认知角度去理解家国情怀，也不能单纯地赋予学生社会责任，要求学生履行社会义务，教师应该结合具体的事例、社会现象以及人物事迹让学生正确认识家国情怀，承担社会责任。

（六）思政育人效果注意"动静适配"

思想政治教育应该在"入耳、入脑、入心"的基础上"入行"，要引导学生认可思想政治教育内容，课程思政在培养学生了解知识、学习技能之外，也要引导学生情感发展、观念发展，要求学生做到知行统一。在践行的过程中，学生会更深刻地认识世界观、价值观以及人生观，也可以转换学习方式，从被动接受到主动认知、主动探索、主动实践。

动静适配主要体现在两方面：首先，应该做到个性和共性的适当融合，事物在发展过程中会展现出一定的共性特点，也会呈现出一定的个性特征，综合来看，所有的事物都处于统一性和差异性同时存在的发展状态。思想政治教育也是一样，它的教育目标是一致的、统一的，但是它在个体身上的体现总是有差异的、个性的。在设计课程思政教学活动时，需要做到个性和共性的适当结合，既需要展现出教学内容的正确价值取向，也需要站在学生的角度思考学生的体验。其次，课堂当中的静应该和课堂之外的动结合起来，课堂内外应该实现有效联动，课堂当中的知识应该延伸到课堂外部，校内知识也应该延伸到社会当中。课程思政发展应该打破学校壁垒，打破高校和社会之间的围墙，实现校内外的贯穿，这样学生才可以在接受理论教育的同时开展社会实践，这对于育人来说至关重要。

综合来看，课程育人开展过程中需要做到以上几点要求，课堂教学才能真正发挥出主渠道的教育作用、引导作用，才能真正完成对学生的知识传授、能力培养以及价值引领三个目标。

第三节　高校教育中的校企联动

"校企联动机制能为大学生提供高效的创业支持，引导其进行正确创业，驱动创业生态持续发展"[1]。因此，需结合大学生自身的发展需求，完善校企联动运作模式，使其兼具针对性、新颖性以及实用性，从而更有效地提升大学生综合能力。

---

[1] 吴海玉.大学生创业亟待校企联动［J］.人民论坛，2018（10）：102.

一、校企联动下的微课建设和信息共享

（一）校企联动微课建设和信息共享的意义

在社会转型背景下，建设、开放、共享教育资源的实现是高等教育改革发展的重要保障。以信息化社会的视角来看，信息化、开放化、共享化的教育资源已经逐步演变成为主流趋势。而在高等教育阶段逐渐普及和渗透开来的微课，是教育资源建设与开发过程中的重要尝试和产物，与"慕课"不同，它在很大程度上对以往在线教学的模式有进一步突破。在我国高等教育领域，越来越多的教育从业者也开始关注和探究实现教育资源信息化共享的途径。就当下而言，除了要提高思想认识的重视程度外，还需要以微课这一优质数字教育资源为范本，积极开发和应用更多的优质数字教育资源，只有这样，才能更好地实现教育信息化以及教学资源的建设和开放共享。

实现教育改革进程的进一步发展，离不开信息化资源建设和共享学习环境的构建，为此，就必须开发精品开放课程，以使优质教育资源的普及、开放共享得到更快地实现。精品资源共享课和微课具有相似或相同的教学目标，为此，精品资源共享课的开发同样要建立在对网络环境的充分利用上，以此为出发点来进一步转变教学观念，并实现教学内容的创新和教学方法的改进。

当前，我国高校建设和信息化共享精品教学资源也处于不断发展和创新的过程中，信息化和时代性的特性在先进的教学形式和教学手段上得到了集中体现。但是，微课资源具有多样和数量庞杂的特征，这在一定程度上加大了利用网络来开发精品资源共享课程的难度。而造成这种现象的原因，主要就在于高校教师和学生始终未能对微课应用的最终目标形成充分的认知，由此导致重视程度和投入力度不足的现象十分普遍，这就需要进一步精准和细化微课建设的方法，促进微课资源后期管理与服务在现实应用中更好地落实。长此以往，微课课程资源的更新率、交互性和共享应用性将大大降低，也无法使学生的学习要求得到最大限度地满足，师生关注微课精品课程资源的程度以及共享和使用课程信息化资源的概率也会大幅降低，最终严重限制人力、物力、财力等投入的使用效率提高。

因此，在启示教学改革方面，以校企联动为前提来对实现微课建设和共享的信息化途径进行深入分析与研究将发挥极为重要的正向指导作用，不仅可以使当前面临的问题得到有效解决，更能丰富微课的建设方式，从而为高校微课建设提供商业运作的新思想、新技术，最终开发出精品微课资源。

（二）校企联动微课建设和信息共享的途径

1. 整合高校的课程资源

课程共建与资源共享目标的实现，应当立足协同创新的原则和高校资源整合的基础地位，以开发精品资源。而将协同创新原则与微课建设和共享的过程有机融合，也有助于教育质量的显著提高。所谓协同创新，指的就是基于原始的创新，比如，新技术、新方法的积极引进，并在内化之后与自身实际情况相结合以开拓创新，助力于科教兴国战略的实现。要对微课建设要素与资源的受限局面予以突破，并采用行之有效的方法与路径来汇聚资源和要素，以实现微课建设创新主体的构建、微课建设与传统教学之间隔阂的消除，使高校教育中与人才、资本、信息和技术相关的活力要素得到充分释放，使创新要素活力得到有效激发，使高校之间的深度合作得到有效推进，使围绕高校中心、企业协同原则展开的微课课程体系得到有效架构。此外，还需要进一步强化科研领域微课建设的强度和力度，基于对"协同创新"理念的贯彻与落实，以及对微课内涵的深入研究与把握，来助力精品资源共享课程的构建、与社会转型要求相吻合的各种创新要素的有机融合，以及高校之间、专业学科之间以及高校和企业之间力量的协同，最终促进微课课程的开发以及共建共享的精品资源课程的打造。

2. 整合高校的名师资源

教师要素在微课建设过程中发挥着极为重要的作用，因此，对高校名师资源的整合应当成为促进高校良好共建共享微课形成的关键。具体来讲，就是要深入研究和剖析高校教师在不同领域的优势，使具备较高水平、良好素养和较高声誉的教师能够充分发挥自身的作用，引导其主导课程指导，并融合不同学科教师，特别是优秀主讲教师的共同力量来构建优质的微课课程，并使其所构建的微课课程在高等教育教学中的权威地位得到进一步提高。

要进一步强化各个主讲教师的责任意识，使其能够主动地参与微课建设和宣传工作当中来，从而从优质师资团队打造方面支持微课建设，使教学内容进一步规范化、所选择微课教学方法进一步科学化、不同教师群掌握教学资源的进一步整合，从而保障教学内容的多样性、微课资源的多样化，并为学生的学习搭建优势明显、特色鲜明、课程建设规范、课程资源开放和共享的微课平台。而这一目标的达成，是高校之间协同作用充分发挥的结果，只有立足高校的教学现实和高校力量的整合，使跨校合作得到有序和有效推进，才能确保所选择共享课程的科学性以及微课精品打造目标的实现。

3. 整合专业的学科资源

建设与共享微课，首先要打破以往拘泥于一门课程的误区，深入研究与全面把握高校不同学科的特点，通过对专业学科资源的整合来实现微课资源共享融合性的显著提高。要使微课建设范围和知识领域得到进一步拓宽，使之延伸到全学科内容，就要立足多门课程来实现学生综合知识学习能力有效培养的目标。要以微课的基本特点为切入点来深入研究高校多学科知识结构，使之与微课界面建设有机融合，基于学生对相关学科资源的整合来推进跨学科微课建设，使微课特色实现真正的增强。从实践的角度来讲，就是要调动微课建设教师参与共同讨论的积极性，以促进相关专业课程内容的融合，使学科知识领域亟待解决的重难点问题得到进一步明确，并为微课资源建设拓展提供融合思路的指导。

二、校企联动下的学生毕业设计创新指导

创新是全面提高高等教育质量的核心，是建设世界一流大学和高水平大学的内在需求，同时也是建设创新型国家和人力资源强国对高等教育提出的现实要求。下面以艺术设计专业为例，分析校企联动下的学生毕业设计创新指导模式。

（一）校企联动下毕业设计创新指导模式的内容

1.科学、合理地选择毕业设计题目，使教学、科研、实践相结合

恰当的选题是做好毕业设计的前提。艺术设计专业学生的毕业设计就是制作设计课题。从以往的毕业设计反馈信息来看，其存在的问题主要体现在以下三个方面：①知识陈旧；②适应性较弱；③纸面设计多，动手制作少。为了能从根本上解决这些问题，应充分利用"校企联动"创新平台，指导学生主动实践，鼓励学生合理选择毕业设计题目，积极思考如何用自己的专业智慧做好毕业设计，从而实现教学、科研、实践的结合，使学生能够学以致用。

2. 主动、创新地完成毕业设计，展示艺术设计专业实践创新的优势

毕业设计是本科实践教学的最后一个环节，也是最具有综合性和主动性的环节。设计就是创造，艺术设计的精髓就是创新。无论对于何种艺术设计作品，创新意识是第一评价指标。艺术设计专业学生入学后，所接受的就是"产、学、研"三位一体的专业授课教学，这种"校企联动"实习课程的设置，能够把教学计划、教学内容、设计实践和科学研究有机地结合起来，并通过导入企业项目让学生进行实践，真正将"教学、实践、科研"融为一体。学生完成了大量的校外实习实践任务，其主动学习的能力获得了空前提升，为实现毕业设计创新积累了宝贵的实践经验，并做好了扎实的前期准备工作。总而言之，应以学生创新意识的培养为核心内容，因材施教，让学生根据实际情况，结合所选题目，朝着创新的方向迈进。要让学生将行业的前沿性和企业的需求性信息带入"校企联动"的毕业设计中，充分发掘学生的潜能，引导他们在设计过程中实现艺术创新，并真正成为毕业设计的主体，参与到设计实践的各个环节。另外，还应提醒学生正确树立设计目标，提高他们对新动态、新工艺和新材料的敏锐性，使既定的设计目标能够经受住来自客户和市场的检验，提升他们的实际工作能力。

（二）校企联动下毕业设计创新指导模式的注意事项

"校企联动"指导模式的实施，有利于促进艺术设计专业学生毕业设计创新，全面提升学生的创新素质和创新能力，为应用型本科院校学生进行毕业设计指明了方向。在实施"校企联动"指导模式的过程中，我们需要注意以下方面：

第一，应与时俱进，进一步提高对实践教学重要性的认识，树立以培养

实践能力和创新精神为核心的人才观。应强调实践创新的重要性，鼓励学生主动实践。为此，应建立相应的制度和规范，这对于部分缺乏自主学习能力的学生来说也是一种制约，能够防止他们利用"校企联动"在管理上存在的漏洞，逃避应有的学习与实践。

第二，落实教师顶岗实践学习，科学制定考核目标与考核内容，建立相应的考核办法，并使其具有较好的操作性，将这种外派机制纳入正常的人事管理中，提升教师的实践动手能力和实用创新能力。

第三，应优化毕业设计考核机制。毕业设计是艺术院校实现人才培养目标的重要环节，应针对毕业设计中存在的问题，结合艺术设计专业的特点，制定切合实际的考核标准，精简那些套路化的文字案头工作，充分体现艺术设计的实践性和实用性。

第四，应优选校外实习基地。高校应建立稳定的校外实习基地，以满足学生毕业实习的需要。虽然不同种类及规模的校外实习基地均能为学生提供锻炼的机会，但为了能让学生在实践中进行创新，就必须优选实践场所，使学生在此过程中真正获得成长。

基于"校企联动"的学生毕业设计指导模式，既能提升学生解决实际问题的能力和创新能力，也有助于深化协同创新，推进校企合作的深入开展，使应用型本科院校培养的人才，真正服务于社会、地方，并成为促进地方经济建设和发展的生力军。

三、校企联动下的学生基层管理技能机制

（一）动力机制

校企联动培养人才的前提是在校企合作的问题上双方必须达成共识。这种共识包括为何要合作、怎样合作、如何使合作更加有效果等。因此，促成双方达成共识、成为合作伙伴的关键在于动力机制的建立。当前，我国要求高校要紧密联系行业企业，厂校合作，加强和推进校外顶岗实习力度，对于高校而言，这样的要求就是其建立校企联动合作机制的一种外在动力。另外，教育主管部门对学生就业率、就业质量的要求驱使高校的人才培养必须符合企业的需求。对于企业而言，激烈的市场竞争已升级为对人才的竞争，获得既熟悉专业技术又掌握基层管理技能的人才的渴望，成为企业建立校企联动机制的内在动力。

总而言之，高校应当通过积极的走访交流，广开多种渠道，与企业在校企联动中培养学生基层管理技能的目的意义、方式、条件、双方的责权利等方面形成一致性的认识，为密切双方合作奠定基础。同时，企业需要把高校作为人才战略的合作伙伴，欢迎高校的来访、调研，将自身的基层管理人才需求与学校进行沟通，从而帮助学校制定更为有效的人才培养计划。此外，校企联动的动力机制中包含着激励机制，学校可以建立必要的企业激励机制，使之成为企业的外在动力。

（二）运行机制

在培养学生基层管理技能的问题上，能否实现真正意义上的校企联动，

关键在于建立相应的运行机制，一般而言，校企联动培养高校学生基层管理技能的运行机制主要包括课程管理机制、师资管理机制、实践环节管理机制等。

1. 建立课程管理机制

课程管理机制包括课程设置及调整机制、教学模式的选择与设计机制、校企合作开发课程机制、教材开发机制、课程考核制度等。课程设置及调整由校企双方共同参与，根据企业生产、经营和管理的实际，设置课程体系并适时调整部分课程设置，增加生产管理、目标管理、团队管理以及沟通技巧等管理类课程，根据技术技能、人际技能、概念技能培养的阶梯性，合理设计课程教学的先后顺序、课程间的衔接以及理论课与实践课的设置及安排。培养学生基层管理技能，应当选择有利于提升学生管理技能的教学模式，教学模式的选择与设计主要涉及工学交替教学模式的实施与管理、项目教学法、小组教学法、模拟实验教学法的实施。建立校企合作开发课程的机制，是为保证实践类课程更具有实用性和针对性，由校企专兼职教师组成教学团队，共同开发企业的工作流程、操作规范、生产技术标准等教学内容，合作开发的课程力求实现管理技能与专业技能的契合。教材开发机制是激励高校专业教师以及企业的兼职教师根据企业生产、经营或管理的要求，编写、开发基于培养基层管理技能的实用性教材的有关规定。课程考核制度主要是对考核的对象、考核的方式方法、课程考核的系统化设计等方面的规定。课程考核制度要充分体现理论知识、动手操作和管理技能的多维度考核的理念。

2. 构建师资管理机制

师资管理机制包括专兼职教师的选拔与配置机制、专兼职教师共同教学研究机制、专任教师企业实践制度等。

专兼职教师的选拔与配置机制，主要包括专职教师的选配和兼职教师的选聘机制，是激励企业将具有基层管理经验的管理人员推荐为兼职教师的具体措施以及由专业教师、管理课教师组成的教学团队教学合作、资源共享的相关管理制度。

专兼职教师共同教学研究机制是指围绕教学内容、教学模式、教学设计、实训教学、课程考试以及教学改革。建立专兼职教师共同研究解决方案、对策措施，形成相互沟通交流、相互促进的研究氛围的管理机制。建立专任教师企业实践制度旨在培养和提升专任教师的企业实践能力，促进理论教学与实践教学的紧密结合，企业实践制度对专任教师定期到企业走访、考察、调研，了解企业一线的生产、经营和管理活动，接受企业的专业化培训，在企业进行挂职锻炼等进行规定。

（三）管理机制

1. 建立校企联动培养学生基层管理技能的保障机制

为促进校企联动机制的顺利运行，充分调动学校和企业的积极性，保证学校和企业在合作中的利益，需要建立校企联动培养学生基层管理技能的保障机制：一是通过校企双方共同研究制定校企合作方案，组织方案的专家论证，共同起草并签订合作协议，明确双方的责权利等。为促进校企联动的实施提供有力的法律保障。二是建立由校企双方代表组成的决策机构和管理机构，通过健全完善校企间的定期沟通机制和重要事项协商机制，保证双方的合作实现无缝连接，人才培养方案的制定与调整、考核方式的设计学生基层管理技能达标方案、教学团队的组成方案等需要通过校企合作决策机构的审议。

2.建立校企联动培养学生基层管理技能的评价机制

高等教育的校企合作仍处于不断地探索与完善中。校企联动培养学生基层管理技能的实践是否成功，直接影响着校企之间的后续合作。为了对校企联动培养学生基层管理技能的效果进行科学评价，完善人才培养模式，需建立相应的评价机制：一是成立学校和企业共同参加的评价机构，评价机构的人员组成包括学校的教学督导部门、企业相关人员、教师代表学生代表等。评价机构负责制定人才培养质量的评价体系，对课程体系的设计、教学组织管理、教师的教学能力和教学效果学生基层管理技能的水平等进行全方位的评价；二是适时引入第三方评价，可以邀请行业管理部门的专家、管理咨询公司、高校教育工作者，也可以吸纳部分学生家长代表参加第三方评价，主要对人才培养的质量、学生专业技能和管理技能的水平、企业和学生的满意度等做出评价，通过第三方评价帮助学校和企业更为客观地掌握校企联动培养人才的效果。

第四节　高校教育中的产教合作

一、高校教育中产教合作的可行性

产教合作的本质特征是以培养能力为中心，"并按岗位所需的职业能力来设计教学计划和课程，它是一种以培养学生的全面素质、职业技能和就业竞争能力为重点，充分利用学校与企业不同的教育环境和教育资源及其人才培养方面的各自优势，把以课堂传授知识为主的学校教育与直接获取实际经验、实践能力为主的生产有机结合于学生的培养过程之中的教育形式"[①]。高校教育中产教合作的可行性主要表现在以下几个方面：

（一）产教合作是实现高校培养目标的重要途径

使所培养的人才既拥有扎实的理论知识，又具备极强的实践能力，同时能够满足生产、建设、管理和服务第一线的用人需求，是高校教育人才培养目标的集中体现。从整体来讲，这类技术型人才往往具备极强的应用性、技术性和职业针对性，但是，学校的教学资源和环境十分有限，必须借助现代企业在现代生产技术装备和运作环境方面的力量，才能实现高水平、技术性、应用型人才的培养目标。具体来讲，学校通过现代企业的帮助，能够从企业的经营思想、企业环境、技术力量、工艺设施、生产过程和管理模式等方面汲取经验和营养。从学生的角度来讲，也只有经历产教融合的教学实践，才能与现代企业相互融合，才能从思想层面受到企业文化的启蒙，从而使自身的实践动手能力和专业技术应用能力得到有效培养，才能养成良好的职业道德和敬业精神，以自身素养的升华为前提，更好地融入未来的就业环境，适应企业的发展需要，所以，无论是从学校角度来讲，还是从企业角度来讲，都需要推进产教融合。兼具专业理论知识和实践应用技能的高素质人才，是企业实现可持续发展的重要保障。所以，在帮扶高校教育方面，企业具有极强的主动性和能动性，而学校若想实现特色化、高效性的人才培养目标，也必须积极与企业建立深度合作关系。

---

① 田芳. 高职教育产教合作探索［J］. 岳阳职业技术学院学报，2005（1）：25.

（二）产教合作是实施高校教育教学的保证途径

第一，以企业发展需要为起源的市场需要对高校教育专业的设置和改造具有决定性作用，这也就使得高校针对行业企业开展实地调研显得尤为必要。高校发展的根本动力在于市场需求，在现代化建设的第一线工作（也就是生产、建设、管理与服务）中，只有存在从事技术应用、技术管理和社会服务的高层次应用型人才的需要，才能推动高校的发展。所以，高校若想实现教育的可持续化发展，就必须把握其中的关键环节，也就是依据市场需求来设置教育专业。而之所以强调高校深入行业企业展开实践调研，就在于这是促进高校设置与社会需要相吻合的专业以及产教融合进程的重要保障。

第二，企业对于高校人才培养质量标准具有决定性作用。发展现代工业经济，除了需要加大高层次研发人才的培养力度之外，还需要特别关注服务于生产、建设、管理、服务第一线的技术应用型人才的培养。在这一方面，学校并没有技术应用型人才培养模式的选择、培养计划中的课程设置、课程具体内容的选择、能力的培养以及素质的提高等内容的唯一决策权，而是需要调动企业广泛参与的积极性。高校人才培养的过程必须与企业的职业岗位要求保持统一步调，还要以行业和企业的需要作为出发点来设计高校教育教学计划，并在行业和企业的帮助与支持下组织实践教学活动。

（三）产教合作是建设合格师资队伍的科学途径

高校教师团队的个性，特别是极为丰富的实践经验，主要取决于高等职业教育的办学特点。除了要具备扎实的专业基础理论知识之外，高等教育从业教师还需要积累丰富的实践经验，而产教融合则为实现上述两大目标提供了有力支持。一方面,产教融合可以为学校提供极为便利的教育条件,比如,合作单位可以为学校优选的、具备培养价值的中青年教师提供实践平台,使教师获得实际工作经验的积累,也可以派遣企业内部的优秀技术人员、管理人员到校,对学生们进行针对性的实训和指导,使学生增长实践经验,同时丰富自身对新工艺、新技术的认知;另一方面,基于产教融合搭建的有效平台,学校也可以鼓励合作企业中兼具丰富实践经验和教学能力的技术人员和管理人员到校兼职,共同构建高校双师团队,在正常企业工作之余,搭建第二职业平台,或者在情况允许和对方同意的情况下,学校也可聘用其为专职教师。总之,基于产教融合的教学创新,高校的师资团队将得到进一步增强,高校师资团队的实践经验也可以得到进一步丰富。

二、高校教育中产教合作的措施

作为改革与优化传统高等教育模式的创新尝试,高校教育产教融合模式的探索从教育思想、教学理念、教学模式等维度进行了创新,实现了高校教育与生产实践的有机融合。从实践层面来讲,高校要立足具体校情和学情来探索与尝试更具针对性和实效性的教学新观念、教学新手段和教学新方法,以全面推进产教融合教育功能更好地发挥。

（一）建立专业保障机构,以对人才培养规划与岗位要求的适配性提供保障

首先,成立涵盖企事业单位工程技术人员和校内专家在内的专业教学指导委员会,充分保障成员对论证学校专业设置、制订人才培养计划、确定课程内容等工作的合法权利,以此来实现高校专业课程的科学合理建设

以及人才培养计划与工作岗位要求的高适配度。其次，成立涵盖行业经验丰富的专家、研究人员、岗位一线服务人员等在内的行业专家指导委员会，充分尊重和保障成员对定期召开会议、行业需要分析、岗位群分析，以及岗位群能力结构分析与评估的权利，以确保在制定课程和具体教学时能够有理可依。

（二）使行业和企业对高校教育的参与自主性得到充分调动，并寻求企业的支持

这是因为校企融合的进一步深入需要建立在行业和企业对高校教育的参与自主性的显著提高上。一方面，学校要把握各种机会，将自身的办学实力、办学成果和未来发展的整体规划展示给行业和企业，使企业能够对学校和高校教育的最终目标树立正确、全面和清晰的认识；另一方面，要以校企互惠互利为原则来构建校企的深度合作关系，进而为高校人才培养提供助力。

（三）重视策划校企合作方案，使校企融合目标得到进一步明确

作为高校教育目标的基本实现途径，高校与企业、行业的合作具有长期性和复杂性特征。无论是最开始的论证新专业的设置，还是期间的教学实施过程，抑或是最终的评估鉴定办学质量，都需要借助企业和行业的力量，比如，获取行业信息与要求、寻求行业专业指导以及行业专家的专业审定等。

（四）基于高校与企业合作模式的丰富来实现技术应用型人才的培养目标

对于推进我国高校教育的发展和高校教育目标的实现而言，确保所构建的产教融合人才培养模式能够带有鲜明的高校教育特色是重要影响因素。立足我国现有国情和条件，通过分析现有的产教融合经验，笔者大致总结了以下几种具备参考价值的产教融合模式：①在校内搭建完备的实训基地模式；②利用企业或相关行业优势搭建完备的实训基地模式；③校办产业（企业）模式；④行业（企业）办学模式；⑤校企股份合作模式；⑥校企联合办学模式；⑦"订单式"校企合作模式。

（五）科研、企业单位为高校安排或从企业引进的教师提供工程实践锻炼平台

要计划明确地选送教师到科研、企业单位顶岗实践，以贯彻落实好"双师型"教师的培养目标。要为中青年教师技术应用能力和实践能力的提高提供必要的支持，确保其能够实现基础专业知识的进一步巩固和教学实力的进一步锻炼，使其能够在灵活应用专业知识与技能的过程中，积累更为丰富的实践经验。此外，高校还应当重视科研、企业单位的工作人员的聘用，在遵循专职和兼职有机融合原则的前提下，实现学校教师结构的调整优化，并使专业变化的要求得到最大限度满足。

第四章　高校教育教师队伍管理研究

第一节　高校教育中教师管理能力塑造及其培养

一、高校教育中教师课堂管理能力及其培养

课堂管理是教师为了保证课堂教学的顺利进行，协调、控制课堂中各种教学因素及其关系，如，人与事、时间与空间等，使之形成一个有序的整体，促进学生积极参与教学活动，从而实现预定教学目标的过程。课堂管理是课堂教学过程的重要组成部分，是开展教学活动、完成教学任务、实现教学目标的保证。课堂管理和课堂纪律的意义不能等同，课堂管理比课堂纪律意义更广泛一些。课堂管理是管理学生课堂学习的教师行为和活动；而课堂纪律则是学生行为适当的标准，这些标准蕴含在课堂活动中，表现为指向性的任务。换言之，教师采取某些方法和措施来处理学生的行为问题以减少它的存在。

（一）高校教育中教师的课堂管理

1. 课堂管理的维持功能

课堂管理的维持功能是在课堂教学中持久地维持良好的内部环境，使学生的心理活动始终保持在课堂上，以保证教学任务的顺利完成。课堂管理的维持功能主要表现在：①课堂里随时可能发生突发事件，影响原有和谐的师生关系和学生关系，课堂管理有助于缓和与解决各种冲突，维持和谐人际关系；②课堂管理需要制定符合教学目标的课堂行为准则，有助于协调课堂教学步骤，维持课堂纪律；③课堂管理有利于维持良好的课堂气氛，从而帮助学生适应环境的变化；④课堂管理有助于调节课堂教学过程中的过度紧张和焦虑，维护身心，矫正问题行为。

2. 课堂管理的促进功能

课堂管理的促进功能是教师在课堂里创设对教学起促进作用的组织和良好的学习环境，满足课堂内个人和集体的合理需要，激励学生潜能的释放以促进学生的学习。课堂管理的促进功能通过四种途径来起作用：①协调好课堂内各种人际关系，形成尊师爱生、团结协作的师生关系和互帮互学、团结友爱的学生关系，师生朝着教学目标共同努力；②创造良好的课堂气氛，促进学生遵从课堂规范；③正确处理课堂中正式群体和非正式群体的关系，促进班集体结构的完善；④明确教学目标，使课堂活动朝着预定的目标前进。

3. 课堂管理的发展功能

课堂管理本身可以教给学生一些准则，促进学生从他律走向自律，帮助学生获得自我管理能力，使学生逐步走向成熟。课堂管理本身所具有的这种教育作用，就是课堂管理的发展功能。

（二）高校教育中教师课堂管理能力的培养

课堂管理包括课堂人际关系管理、课堂环境管理、课堂纪律管理等方面，课堂人际关系的管理是对课堂中的师生关系、同伴关系的管理，包括建立良好的师生关系、确立群体规范、营造和谐的同伴关系等；课堂环境管理是对课堂中的教学环境的管理，包括物理环境的安排、社会心理环境的营造等；课堂纪律管理是课堂行为规范、准则的制定与实施，应对学生的问题行为等活动。

1. 课堂的人际关系管理

人际关系是人与人之间在相互交往过程中所形成的比较稳定的心理关系或心理距离，它的形成与变化，取决于交往双方满足需要的程度。积极的课堂以师生之间、学生之间五项原则的人际关系为前提。课堂管理的一项重要任务就是促进师生之间、学生之间形成良好的人际关系，为有效教学创造社会性条件。

（1）师生关系

师生关系是教师和学生在教育、教学过程中结成的相互关系，包括彼此所处的地位、作用和相互对待的态度等。师生关系既受教育活动规律的制约，又是一定历史阶段社会关系的反映。师生关系中最基本的表现形式是教育关系，这也是师生关系的核心。除了正式的教育关系，师生之间还有因情感的交流而形成的心理关系。与此同时，教育作为一种特殊的社会活动，折射着社会的一般伦理规范，反映着教育活动独特的伦理矛盾，因此，师生关系也表现为一种鲜明的伦理关系。师生之间的伦理关系是在教育教学活动中，教师与学生构成一个特殊的道德共同体，各自承担一定的伦理责任，履行一定的伦理义务。良好师生关系的建立需要师生共同努力，做到互相尊重、相互理解、密切交往、互相关怀以及真诚对话。

（2）同伴关系

同伴关系是在同学之间进行交往和相互作用的基础上建立起来的心理关系，它是除教师之外的班级成员间关系的总和，包括学生个体之间的关系、班级内的学生群体之间的关系以及学生群体与个体之间的关系。根据同学之间是相互吸引还是相互排斥，可将同伴关系分为友好型、疏远型与对立型。促进学生同伴关系可通过培养学生的交往技能，增加课堂教学交往活动，组织课外交往实践活动以及培养学生的亲社会行为等途径实现。

（3）班级群体

班级群体是由学生按照特定的目标和规范建立起来的集体。班级群体有正式群体和非正式群体之分：①正式群体是在高校行政部门、班主任或社会团体的领导下，按一定章程组成的学生群体，通常包括班委会、团支部等，负责组织开展全班性的活动；②非正式群体是在同伴交往过程中，一些学生自由结合、自发形成的小群体，其特点是人数较少，成员的性格、爱好基本一致，经常聚集在一起活动，制约性强，可塑性大。对于非正式群体的管理，教师需要清楚了解非正式群体的性质，对于积极的非正式群体给予鼓励和帮助；对于消极的非正式群体给予正确的引导和干预。

2. 课堂的环境管理

课堂环境可以分为"硬环境"和"软环境"两个方面，其中，"硬环境"主要是课堂中的物理环境，如座位、光照、活动区域等；"软环境"主要是课堂中的社会心理环境，如课堂气氛、学习目标定向等。

（1）物理环境

课堂物理环境是课堂内的温度、色彩、空间大小、座位编排方式等时空环境和物质环境。

第一，座位的安排。座位安排有四种方式：分组式、剧院式、半圆式、矩形式。座位的编排方式对学生的课堂行为、学习态度、学习成绩、人际关系以及整个教学活动都有直接或间接的影响。为了发挥座位安排的积极作用，座位安排时应遵循的基本原则有：服务于教学的原则；定期变化原则；减少干扰原则。

第二，温度、光照和噪声。不合适的温度、光照和噪声往往会使学生产生消极的情绪反应，不能集中注意力，自我控制力下降。因此，在条件允许的情况下，应尽可能使教室的温度适中、光照适度，把噪声降到最低程度，使学生产生一种愉悦的感觉和积极的情绪，从而减少不良课堂行为。

第三，教室空间大小。教室空间大小对课堂教学的影响表现为两方面：一方面，狭窄的教室空间会让学生产生压抑感，影响学生学习时的情绪，也不利于教师在课堂上巡视或了解学生对教学的掌握情况；另一方面，教室空间过大，过于空旷，则不利于学生集中注意力，也会影响课堂教学的效果。

第四，课堂时间。课堂中的时间因素与学生在课堂中的学习行为及学业成就有着较为密切的关系，因而也是在课堂管理中不容忽视的重要内容。学生的学习时间可分为三种：名义时间、教学时间和学术时间。名义时间是学校活动的时间总量，通常是由政府确定的，如，一所学校每学期多少天，每天多少小时。在名义时间中，有的时间用于学科的教学活动，有的时间用于用餐、课间休息、集会等活动，这就是分配时间。教学时间是教师将课堂活动的时间转换成建设性的学习活动时间。在教学时间中，学生专注于指定活动的实际时间，即专注时间。学术时间是学生花费在学业任务上并取得成功的时间，它不包括学生听不懂或理解错误的时间。专注时间与学生学业成就存在着正相关，学术学习时间与学生的学业成就有相当稳定的正相关关系。

为了提高专注时间和学术时间的比率，课堂时间的优化管理策略包括：坚持时间效益观，最大限度地减少时间的损耗；把握最佳时域，优化教学过程；保持适度信息，提高知识的有效性；提高学生专注率，增强学生的学术学习时间。

（2）心理环境

与物理环境相比，课堂中的社会心理环境对课堂教学的影响更大。其中，课堂气氛和课堂目标结构是最为突出的两个影响因素。

第一，课堂气氛管理。课堂气氛是课堂里某种占优势的态度与情感的综合表现，它常被比作"组织人格"。正像每个人都具有自己的独特人格一样，每个课堂都有自己独特的气氛。一般而言，课堂气氛可以分为积极、消极和对抗三种类型：①积极的课堂气氛的特征是课堂纪律良好，师生关系融洽；学生精神饱满，注意力集中，专心听讲，积极思维，反应敏捷，发言踊跃；教师善于点拨和积极引导；课堂呈现热烈活跃与祥和的景象。②消极的课堂气氛特征是课堂纪律问题较多，师生关系疏远，教师不善于调控；学生注意力分散，情绪压抑等。③对抗的课堂气氛的特征是课堂纪律问题严重，师生关系紧张，教师无法正常上课，时常被学生打断或不得不停下来维持课堂纪律，基本上是一种失控的课堂状态。要营造积极的课堂气氛，教师通常需要建立和谐的课堂人际关系，运用灵活多样的教学方式，采用民主的领导方式，给予学生合理的期望。

第二，课堂目标结构。课堂目标结构是一个班级中由奖赏机制决定的占主导地位的学习目标取向。课堂目标结构可以分为竞争、合作和个人主义三类：①在竞争性目标结构中，学生认识到他们的奖赏取决于与他人的比较，只有他人失败时自己才能取得成功；②在合作的目标结构中，学生认识到他们必须与他人合作才能获得奖赏；③在个人主义的目标结构中，学生们认识到奖赏取决于自己的努力，不需要关心他人是否取得成功，他们的目标是达到自己或者教师提出的学习标准和要求。

一般而言，竞争、合作、个人主义都是开展高校课堂环境的手段，它们适用于不同的学习情境，并没有绝对的优劣。在我国的课堂教学中，教师所营造的多为竞争和合作的课堂目标结构，对这两种目标结构的积极和消极作用，教师要清楚把握，协调合作与竞争的关系，使两者相辅相成，成为促进课堂管理功能和调动学生积极性的有益手段。

3. 课堂的纪律管理

在课堂教学中，难免出现各种课堂问题行为，干扰教学活动的正常进行。有效的课堂纪律可以通过营造良好的课堂秩序、减少学生的不当行为来促进学生学习。课堂问题行为是在课堂中发生的，是违反课堂规则，妨碍及干扰课堂活动的正常进行或影响教学效率的行为。课堂问题行为是教师经常遇到而又非常敏感的问题，处理不好，就会损害师生关系和破坏课堂气氛，影响教学效率。课堂问题行为可以分成人格型、行为型和情绪型三种类型。

（1）课堂问题行为产生的主要原因

课堂问题行为不单是学生自身的问题行为，而是各种问题的综合反映。课堂问题行为的产生有以下三方面的原因：

第一，教师因素。课堂问题行为的产生与教师有直接或间接的关系，教师的教育失策会导致学生产生问题行为。教师的教育失策主要表现为：错误的观念指导、管理失范和教学水平低下。教师错误的教学观、学生观、师生观会导致错误的行为，从而引发学生的问题行为。部分教师把追求升学率作为教学的指导方向，把分数作为唯一的目标，这样教师会重智轻德，对学生进行超负荷的灌输，学生失去主动性，会对学习产生厌倦心理；部分教师忽略学生的情感，这会使学生产生被忽视的心理；部分教师不能正确看待师生关系，这样会挫伤学生的自尊心，致使他们产生问题行为。

教师在课堂上的管理失范表现为两种行为：①放弃管教的责任，采取不闻不问的立场，放弃学生，不能使课堂形成良好的课堂气氛和教学环境，学生也因缺乏指正的机会而出现违反课堂规则的行为；②教师对学生的问题行为做出过度敏感的反应，学生容易与教师发生摩擦，从而导致行为失范。此外，教师自身的职业技能水平低下，容易导致教师在学生心目中威信的降低，进而引起课堂问题行为。

第二，学生的因素。课堂中的问题行为大量是由学生的身心因素引起的，如性别上的差异、生理上的缺陷、心理上的障碍等。学生生理上的缺陷容易使学生产生问题行为，如，学生视、听、说方面的障碍，学生发育期的紧张、疲劳、营养不良等。心理障碍也是构成学生问题行为的重要原因，它主要反映在焦虑、挫折和性格等方面。例如，焦虑会使学生灰心丧气、顾虑重重，挫折会引起学生的情绪波动。学生个性方面的问题也会导致问题行为，过于内向的学生会产生退缩性行为，过于外向的学生会产生攻击性行为。

（2）课堂问题行为的管理策略

第一，运用非言语线索。教师要善于觉察课堂里每一个学生是否都在专心听讲，当发现有学生行为表现不良，就要运用非言语线索加以制止。非言语线索主要包括目光接触、手势、身体靠近和触摸等，如对表现不良的学生保持目光接触就可能制止其不良行为，还可以走过去停留一下，或者把手轻轻地放在学生的肩膀上等，既可制止不良行为，又不影响课堂教学秩序。

第二，运用积极的语言。教师可以运用积极的语言来调控学生的行为，在学生违反课堂学习纪律后，立即给以简单的言语提示，将有助于制止纪律问题。言语提示的内容不要纠缠于学生的不良行为，而应是给予学生应该怎样做的正面提示，这能够表达对学生未来课堂行为更积极的期望。

第三，合理分配、调整学生座位。通过分配学生座位来激发学生对纪律的追求，从而发展学生的自律态度。学生的课堂学习行为要受其座位的影响：坐在前排和中间座位上的学生最易被教师所关注，其课堂行为大多是积极的；而在教室后排的学生总觉得被教师忽视，或者放松要求和约束，以为教师不会注意自己而出现消极行为，或者为了引起教师或同伴的注意而产生过分行为。

第四，引导学生积极参与学习活动。学生在课堂上出现问题行为，往往是因为他们觉得无所事事。因此，教师可以指导学生从事一些学习活动，使他们没有空闲时间，从而减少问题行为的产生。但需要注意的是，学习活动要适度，过多的学习活动或学习任务，会导致学生疲劳、烦躁、厌倦，从而再次引发问题行为。

第五，进行心理辅导。学生的问题行为往往有其心理根源，因此，要从根本上解决他们的课堂问题行为，教师应注意对其进行心理辅导。对问题行为学生的心理辅导要注意：①耐心倾听、接受、理解，而不是批评、指示、强制教育；②帮学生找到产生问题行为的原因，分析问题行为带来的影响；③为学生制定适宜的课堂行为目标；④对其进行情感疏导，消除问题行为背后的情感根源。

二、高校教育中教师情绪管理能力及其培养

（一）高校教育中教师情绪管理的意义

高校教师情绪管理是教师在工作与生活中要能够努力克服消极情绪，培养积极健康的情绪，并且做到二者相互协调与相互包容。高校教师情绪管理的意义主要体现在以下方面：

1. 有效克服消极情绪

高校教师在工作与生活中不可避免地会遇到各种压力，进而形成一些不良的消极情绪。针对这些消极情绪，高校教师应该学会建立一种情绪疏导机制，切不可把消极情绪带入课堂，更不能影响到学生的学习与教育。高校教师应该通过适当的方法来宣泄自己的负面情绪，尽量做到不影响教学质量与师生关系。

2. 培养积极健康的情绪

高校教师在教学过程中是处于核心地位的主导性人物，他们的一举一动都会直接影响到学生的学习情绪，直至影响到学生的学习效果。因此，高校教师应该是一个成功的情绪构建者，要认真仔细观察学生的情绪变化，用自己积极乐观的情绪为学生营造一个健康和谐的教学环境，促进学生进行高效的学习。

（二）高校教育中教师情绪管理能力的培养

1. 学会纾解和调控情绪

高校教师在工作中，必然会遇到一些烦心事，进而产生一些烦躁、愤怒

等情绪。作为教育工作者，切不可把这些负面情绪带入教学与科研当中去，而是应该及时处理这些负面情绪，学会适时调控和纾解情绪。在工作中遇到困难的时候，一旦感觉自己的情绪有可能走向消极的一面，就应该认真分析自己所处的实际状况，并找到导致负面情绪产生的原因，通过自我察觉法来对情绪实际情况进行测试，切不可盲目地压抑自己的情绪。高校教师察觉自己的情绪不佳时，可以与别人进行交流与沟通，疏解自己的不良情绪，还可以通过写日记来宣泄自己的情绪。与此同时，高校教师如果不小心进入极端情绪状态，需要及时意识到问题的严重性，尽量控制自己不要做出过于冲动的行为，适当地表达自己的内心想法，让极端情绪得到有效的输出，并可以转换一下个人立场，学会观察别人的情绪，从而在理解他人的基础上释放自己的极端情绪。教师还可以采取更多种宣泄和调节情绪的方式方法，让自己的负面情绪能够在合理的渠道中得到有效宣泄，如自我倾诉，也可以通过运动或休闲娱乐来转移自己的注意力，最终让自己的情绪稳定下来。

2. 营造良好的心理环境

高校教师情绪管理能力的提升，离不开一个合理的管理与激励机制提供的制度保障，这是他们能够保持良好心境的重要条件。①高校应该建立健全教师考评制度体系，让高校教师能够处于一种合理公平的竞争环境当中，从根本上改变那种传统的考评方式，真正让心理需求更为旺盛的高校青年教师得到更多的心理满足感，并努力开拓更多的渠道让青年教师获得发展与表现的机会，这样才能够让高校教师群中的核心部分得到真正的发展，激发出他们的工作热情；②可适当增加教师的经济收入，为他们的工作与生活适当减轻负担；③学校应该通过各种手段来帮助高校教师，尤其其中处于相对劣势的青年教师。

高校可以根据青年教师的实际情况来配备一些富有经验的老教师来给予他们一定的指导与帮助，尤其指导他们在课堂教学与科研申报方面的工作，帮助他们解决教学与科研中遇到的一些问题。学校还可以为他们提供专门的培训，并开展一些座谈会，深入了解高校教师的内心想法，真正减少他们的工作压力。此外，高校还应该开展各种形式的心理健康教育和辅导活动，多给高校教师传达一些健康有益的心理健康知识，努力为他们营造轻松愉快的工作环境，并尽可能地关心他们的感情与家庭生活，及时给予他们必要的帮助与心理安慰，切实增强他们的自信心与自尊心。

3. 提升教师的抗挫能力

高校教师在工作与生活中必然会遇到各种各样的压力与烦恼，应学会调整自己的情绪，以积极乐观的态度面对人生的种种负面压力，尽可能地运用赞赏的目光来对待自己，尤其在面对失败和困难的时候，要能够及时调整自己的心态，微笑面对生活中的一切困难与挫折，学会缓解和承受压力，让自己在挫折与困难中不断成熟与成长。高校教师应该及时调整自己的认知结构，建立积极且合理的信念，从而切实提升自己的抗挫折能力。在面对挫折的时候，高校教师要能够产生积极的情绪反应，以积极的心态面对挫折，克服各种绝对化、过分化以及糟糕至极化的不合理信念，提高自己的综合素养，以正确的世界观、人生观与价值观来转变情绪。

第二节　高校教育中师德师风建设有效机制研究

"师德师风建设"的核心在"师德""师风"内涵的厘清。"师德",是"教师职业道德"的简称,作为职业道德的一个分支,它是指教师通过被教育和自我教育,自觉将教师职业道德规范和标准内化于心,形成一种在教师职业领域内规范和约束教师职业行为、调整教师职业活动中各种利益关系、保证教师职业职能正常发挥、推动教师职业有序发展的一种自我德行,是教师在职业活动中必须具备的职业品质和道德修养。"师风",即教师群体在一定条件下形成的思想道德和行为风尚的整体表现,指的是一种由教师群体的思想道德与行为风尚共同创造的一种相对稳定的工作环境和生活氛围。换言之,师德是表现在教师个体身上的职业道德修养,个体内化于心的自我德行,而师风是整个教师队伍所表现出来的整体性的职业道德习惯和风气,是师德的外在表现。所以,师德与师风是同一过程的两个方面,两者互为基础、相辅相成、相互促进,所以两者是整体性的概念,通常统称为师德师风,具有鲜明的道德属性。

新时代下教师师德师风建设的需求,主要围绕"建设什么样的学校师德师风"与"怎样建设师德师风"的问题展开。新时代必须要培养出具有过硬的政治素质、精湛的业务能力和高超的教书育人的能力的教师队伍,以推动教育内涵式发展进程,从而更好地落实"立德树人"的根本任务,实现"教育强国"的伟大目标，这不仅要求从伦理视角研究人行为的"底线要求"，还需要从道德视角研究人行为的"境界追求"，科学地对人在社会关系中的行为规范和准则进行分析后，才能提升教师道德品质修养的目标，完善体制机制，建成一套完整的高校师德师风建设体系。

"业务能力建设"的概念及其特征。"业务能力建设"特指高校教师的业务能力的培养、锻炼、提升和塑造，具有鲜明的学科属性，对应学科的五大门类（自然科学类、农业科学类、医药科学类、工程与技术科学类、人文与社会科学类）的差异化区别，在培养塑造工作过程中具有科学性、实用性、目的性和可持续性的特征。

一、高校教育中师德师风建设有效机制的意义

教师是人类灵魂的工程师，我们需要对教师提出"四个相统一"的要求、"四有好老师"的期待、"四个引路人"的职责。当前我国强调"立德树人"的根本任务，要求教师要"以德立身、以德立学、以德施教、以德育德"。作为"立德树人"责任的主要承担者，教师的师德师风表现端正与否直接影响"立德树人"根本任务的落实程度和学生成长成才的质量，因此，要坚持教育者先受教育的原则，加强师德师风建设，努力提高教师师德师风修养。新的时代背景下，党和国家对此十分重视，先后出台多项文件，从顶层设计上对新时代我国师德师风建设展开科学指导，并对新时代我国师德师风建设工作展开全面部署。

百年变局下，意识形态领域的交流交锋、社会价值的多元多变时刻挑战着教师师德师风的建设，因此，研究教师队伍的思想政治建设、师德师风建设和业务能力建设具有十分重要的意义。

第一，理论意义。研究新时代教师思想政治和师德师风建设，既能完善新时代我国教师职业道德理论的内容，又能丰富其自身的时代内涵。

第二，实践意义。研究新时代教师思想政治建设和师德师风建设，通过广泛调研，分析当前主要难题，从而有针对性地提出解决措施，提供理性决策的建议，对教师师德师风治理、教师队伍建设和提高社会文明程度有着重要的现实意义。当前，加强师德师风建设，是教师队伍建设的第一要务，提高教师职业道德和素养，以端正我国学校教风和学风，提高教育质量，能有效推进建设和培养出一支兼具思想正、师德高、业务强的教师队伍，落实"立德树人"根本任务，是新时代我国建设教育强国的重要保障。另外，加强新时代教师思想政治建设和师德师风建设，能提高教师的职业素养和道德情操，形成端正的教风，营造健康向上的校风和学风，有利于培养出道德高尚的学生，对于净化社会风气、提高全社会文明程度具有重要作用。

二、高校教育中师德师风建设有效机制的现状

（一）国内研究

我国研究更具系统性、针对性。就高校教师思想政治和师德师风建设的研究状况，可归结为历代教育家相关论述、当代学者研究、习近平总书记关于师德师风重要论述及国家文件三个方面。

1. 历代教育家相关论述

中国的教育历史悠久，教师职业道德思想也随教育的萌生而不断发展。春秋战国时期，孔子《论语·述而》中"学而不厌，诲人不倦"，孟子"君子之所以教者五：有如时雨化者，有成德者，有达财者，有答问者，有私淑艾

者。此五者，君子之所以教也"，西汉哲学家扬雄认为："师哉！师哉！桐子之命也！务学不如求师。师者，人之模范也。"他在《法言·学行》中将"师"与"范"联系起来，第一次形成了"师范"的概念。近代以来的康有为是近代师德师风研究比较有代表性的人物，其《大同书》中设想的完整的教育体系，"捧着一颗心来，不带半根草去"为之后的师德师风研究奠定了基础。现代教育家陶行知在结合中西教育思想和其教育实践的基础上，发展了师德师风思想。

2. 当代学者的研究

从研究趋势上看，通过对"高校师德师风建设""高校教师思想政治建设"检索结果发现，近 20 年来，总体呈现上升趋势。其中，主题词为"师德师风建设""师德师风"的文献占据了检索结果的绝大部分。聚焦于"高校青年教师""高校教师"等文献数量较少。

从研究类别上看，与本项目紧密相关的研究主要分为以下四类：一是关于师德师风内涵的研究。例如，余玉花在《高校教师职业道德》一书中明确界定了"师德"的含义，她认为，"教师职业道德是指规范教师行为、调整教育活动中各种教育关系的行为规范总和"。二是关于我国高校师德师风建设的研究。部分学者针对高校教师进行了师德师风状况调研，例如，彭琛琛认为，"师德师风失范行为仍有发生、师德师风教育方式有待优化、师德师风考评机制有待提升"。三是关于高校师德师风机制体制建设的研究。例如，吴小艳认为："良好师德师风的培育需要高校、社会、个人协调一致共同建设，其中高校作为师德师风体制机制建设的主体，要落实主体责任；社会各方要为师德师风营造风清气正的良好氛围及舆论环境；个人作为师德践行的主体，要加强自身的师德修养"。

3. 国家层面的文件支持

关于师德师风的重要论述及国家文件。中共中央、中华人民共和国国务院和中华人民共和国教育部等相关部门也十分重视，召开师德师风建设会议，印发师德师风建设的相关文件，全面指导和部署这项重要工作，围绕师德师风建设的必要性、新时代我国师德师风建设的目的、新时代我国师德师风建设开展了具体部署。当前，关于高校教师的国家行政文件具体如表 4-1 所示。

表 4-1　关于高校教师的国家行政文件

序号	文号 / 时间	文件名称	备注
1	教师〔2014〕10 号	《关于建立健全高校师德建设长效机制的意见》	积极引导广大高校教师做有理想信念、有道德情操、有扎实学识、有仁爱之心的党和人民满意的好老师
2	教师〔2016〕7 号	《关于深化高校教师考核评价制度改革的指导意见》	深化高等教育领域综合改革，破除束缚高校教师发展的体制机制障碍，激发高校教师教书育人、科学研究、创新创业活力，切实加强高校教师队伍建设
3	中发〔2018〕4 号	《中共中央国务院关于全面深化新时代教师队伍建设改革的意见》	突出师德。把提高教师思想政治素质和职业道德水平摆在首要位置，把社会主义核心价值观贯穿教书育人全过程，突出全员全方位全过程师德养成，推动教师成为先进思想文化的传播者、党执政的坚定支持者、学生健康成长的指导者
4	教师〔2018〕16 号	《新时代高校教师职业行为十项准则》	坚定政治方向、自觉爱国守法、传播优秀文化、潜心教书育人、关心爱护学生、坚持言行雅正、遵守学术规范、秉持公平诚信、坚守廉洁自律、积极奉献社会
5	教师〔2018〕17 号	《教育部关于高校教师师德失范行为处理的指导意见》	就教师违反《高等学校教师职业道德规范》《教育部关于建立健全高校师德建设长效机制的意见》和《新时代高校教师职业行为十项准则》等规定，发生师德失范行为的处理提出指导意见
6	教师〔2019〕10 号	《关于加强和改进新时代师德师风建设的意见》	经过 5 年左右努力，基本建立起完备的师德师风建设制度体系和有效的师德师风建设长效机制

（续表）

序号	文号/时间	文件名称	备注
7	2021年12月31日	《关于完善高校教师思想政治和师德师风建设工作体制机制的指导意见》	《指导意见》指出，要完善党对高校教师工作领导的制度，准确把握新时期知识分子特点，构建党委集中统一领导、党政齐抓共管，教师工作部分统筹协调，各部门履职尽责、协同配合的大教师工作格局

（二）国外研究

国外研究中并没有直接关于"教师思想政治建设"或"师德师风建设"的表述，但有聚焦于教师职业"伦理"（Ethics）的研究，具体如下：

第一，国外学者研究教师职业伦理的重要性、专业性、相应关系等，相关理论包括：①教师的伦理建设能促进教师专业性的提升，主要观点是——职业伦理越发达，教师的作用越先进，职业群体自身的组织就越稳定、越合理。②教师与社会、学生有着重要关系——可以把教师定义为"伦理型教师"，并将教师的道德实践活动看成一种双重状态，相应地，就需要做出双重承诺：从教师与社会的关系中论述教师作为社会人应遵守的社会道德标准；从教师应树立道德榜样和良心出发，指出作为教师理应引导学生的道德意识和行为；同时，作为教师不仅需要伦理专业素养，还要具备时刻审视自身道德的意识。

第二，国外政府制定关于教师伦理的法律、条例等规范标准。美国于1968年在教育协会中通过《教育职业伦理准则》，该准则从教师对学生和对社会的态度这两个方面着手，提出了教师应该遵循的师德师风规范，且其内容随着社会发展变化一直被丰富和完善。日本于1952年在教职员工会上通过《教师伦理纲领》，其强调，通过公务员职业道德规范和专门的教师伦理规范，来规范和约束教师的师德师风行为。在英国，师德师风建设表现出法制化特点，由政府制定相应的法律条文统一管理师德师风建设，依次印发了《种族关系法》《性别歧视法》《教师习惯法》《教育法》等条文。在德国，教师纳入公务员编制内，因此教师既要遵守师德师风规范，同时也受国家公务员道德标准的规范和约束。

综上所述，国外师德师风建设表现出以下特点：①国外学者一般将"教师职业道德"等同为"教学专业伦理""教育职业伦理"和"教育专业伦理"等概念，比较来看，"道德"蕴含着更多东方文化的人文情怀，而"伦理"则更多强调的是个人理性和公共意志，国外师德师风建设方面更加注重提高教师伦理修养，通过加强教师个人理性和公共意志的建设，达到支持和维护现存社会秩序的效果。②国外师德师风建设是一个笼统的概念，是针对整个教师群体展开的，并没有专门针对高校教师展开师德师风建设，只有少数学者对高校教师师德做了相关论述。③注重教师的"内在"属性，国外学者从教师的身份和所扮演的角色出发，阐述了加强师德师风建设的必要性，注重发挥教师的主观能动性来培植教师的职业道德，这对于新时代我国高校师德师风建设来讲，仍然是可借鉴的科学经验。④注重规章条例的约束性。很多国家的教师是双重身份、双重约束，既要接受公务员法律法规的约束，又要受到教师法律法规的约束。

三、高校教育中师德师风建设有效机制的构建

高校教育中教师的师德师风建设和有效机制构建包含机制体系及机理关系研究和机制策略及路径选择研究两大方面，后者是重点。

（一）机制体系及机理关系

师德师风建设切忌"以德讲德"，需要从思想政治建设、师德师风建设、师资能力建设三大子系统相互借力、造势、增效，构建"一核三极同心圆"机制体系研究。其中，"一核"是核心、宗旨，即"凝心铸魂立德树人"。紧紧围绕核心，不断深入学习习近平总书记关于教育的重要论述和教师队伍建设的重要指示精神，为师德师风建设举旗帜。"三极"是三个子系统，即思想政治建设、师德师风建设、师资能力建设，通过协同增效，落实加强思想政治引领、培育弘扬高尚师德、提升教师师资能力的建设分任务。"三极"有机统一且相互促进，"一核"犹如"三极"的建设宗旨，是圆心。"三极"是"一核"具体部署三大分支的路径，是半径。两者构成"同心圆"效应，呈现一体化、整体性、全局性特征，并不断形成一个阶梯式进步、协同发展优化的圆形聚能生态。教师队伍建设不是一个静态的、被动的、一成不变的局面，而是一个动态的、积极有为、充满生机活力的过程。教师思想政治建设、师德师风建设、业务能力建设不是自然而然就可以完成的工程，而是植根于为党育人、为国育才，凝心铸魂、立德树人为核心的，共绘教师队伍科学发展同心圆的一个阶梯式进步、不断发展优化的过程（见图4-1）。

图4-1 职业院校师德师风建设"一核三极同心圆"有效机制研究内容体系关系

（二）机制策略及路径选择

1. 组织架构，首要布局

站在新的历史起点上，教育工作者必须牢记教育初心，调动一切可以调动的积极因素，团结一切可以团结的力量，把学校各方面的优势资源和立德树人的目标紧密对接起来，不断丰富创新教师思想政治工作和师德师风建设的实践路径，切实推动中央精神落地生根和文件举措落地见效，为推进教育现代化、建设教育强国努力奋斗。

加强教师思想政治和师德师风建设是新时代的客观需求，是新时代加强教师队伍建设、提高教育质量、推动各类教育内涵式发展和学校转型的情势所迫，党和国家站在当前历史发展方位上，结合当前现状、具体情况，对教师师德师风建设进行了顶层设计，对具体工作展开科学全面的指导和部署。新时代教师的思想政治和师德师风建设一定要从新时代党和国家的新指示和新要求出发，从广泛开展现状调研，再到总体部署、根本着力点、策略选择、考评体系进行研究。

而面临当前形势，教育系统和教师群体思想政治和师德师风建设存在的问题时有发生：即教师意识形态安全问题、教师师德师风失范行为时有发生；校内教师师德师风教育方式形式单一、理论灌输为主，参与感较弱有待优化；思想政治和师德师风交涉考评机制还不健全，有待完善。为消解困境，科学有效推进教师思想政治和师德师风建设的长效机制，要从组织架构方面，有专项工作机构设置、人员组织、制度拟定、具体实施、考评反馈等，以确保过程的科学部署和有效落实、跟踪反馈。

如何布局，以高校为例说明，高校党委书记要履行好教师思想政治工作第一责任人职责，书记和校长要共同履行好师德师风建设第一责任人职责。高校党委教师工作委员会要做好教师思想政治与师德师风建设工作的顶层设计和科学谋划，形成党委统一领导、党委教师工作部统筹协调，职能部门各司其职，院系党总支具体落实的工作机制，提升育人合力，落实立德树人根本任务。党委教师工作部作为专项工作的机构，要加强党建、突出实效，强化教师思想政治引领；要坚持群众路线，深入了解教师思想状态和工作生活情况，做好关爱帮扶；要加强教师党支部建设，推进"双带头人"培育工程，把教师党支部建设成为团结凝聚党内外教师的坚强堡垒，发挥好教师党支部在加强教师思想政治、涵养师德方面的重要作用。

2. 务实策略，环环相扣

在构建新时代教师队伍建设"一核三极同心圆"工作格局过程中，立足"三极"的根本着力点，确保党管干部、党管人才的方向，坚持思想铸魂、价值导向、党建引领，设置"212"教师师德师风发展路径。实施 2 个计划、1 个工程、2 个行动，即"榜样计划、翔越计划、桥梁工程、青苗行动、破壁行动"，从师德优先、人才队伍、校企联动、青年培养、综合考评五位一体的策略进路，形成工作闭环结构，打造科学合理、成熟稳定的机制系统（见图4-2）。

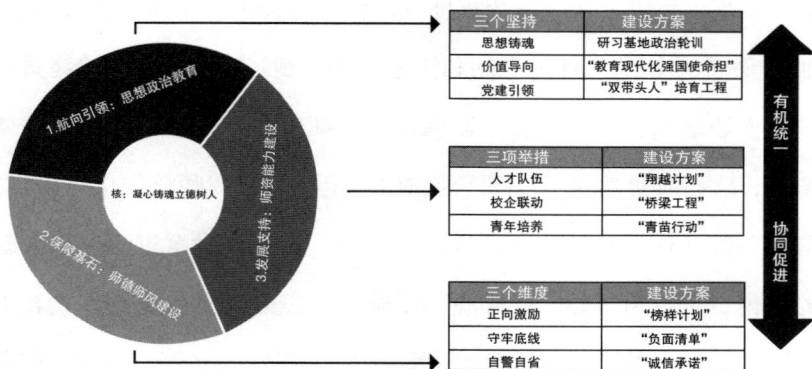

三个坚持	建设方案
思想铸魂	研习基地政治轮训
价值导向	"教育现代化强国使命担"
党建引领	"双带头人"培育工程

三项举措	建设方案
人才队伍	"翔越计划"
校企联动	"桥梁工程"
青年培养	"青苗行动"

三个维度	建设方案
正向激励	"榜样计划"
守牢底线	"负面清单"
自警自省	"诚信承诺"

图 4-2　职业院校师德师风建设"一核三极同心圆"有效机制策略选择示意

（1）一环：思想政治教育是航向引领，做到"三个坚持"

教师的思想政治教育具有鲜明的阶级性和政治属性，是师德师风建设的航向引领。坚持用新时代中国特色社会主义思想铸魂，开展系统化、常态化学习，重点加强习近平总书记关于教育的重要论述的学习，学懂弄通、入脑入心。创立"知行研习班"，定期开展教师思想政治轮训，使其更好地认清中国和世界发展大势，增进对中国特色社会主义的政治认同、思想认同、理论认同、情感认同。坚持价值导向，引导教师带头践行社会主义核心价值观。身教重于言教，引导教师通过各类教学实践平台，充分发挥青马工程、志愿服务工程、桥梁工程等平台，深入了解世情、党情、国情、社情、民情，强化教育强国、教育为民的责任担当。坚持党建引领，充分发挥教师党支部和党员教师作用。持续做好"双带头人"培育工程，抓好"样板支部"，以点连线带面，充分发挥教师党支部的战斗堡垒作用和党员教师的先锋模范作用。

（2）二环：师德师风建设是保障基石，抓好"三个维度"

师德师风就是学校高楼大厦的保障基石，根基不牢，筑楼不稳，高楼不达，这个系统工程需要从"三个维度"开展建设：①"正向激励"，实施"榜样计划"，建立师德师风评价机制和模范引领机制。将师德师风始终贯穿于人才引进、入职培训、人才培育、职称晋升、绩效考核全过程，建立师德师风负面清单，实行师德师风"一票否决制"。定期开展"师德先进个人""教书育人楷模"等评比活动，让"榜样事迹"融入师资建设全过程，加大对先进典型的宣传，营造树师德、铸师魂、正师风的良好氛围，引导广大教师以德立身、以德立学、以德施教。②"守牢底线"，根据《高等学校教师职业道德规范》《教育部关于建立健全高校师德建设长效机制的意见》《教育部关于高校教师师德失范行为处理的指导意见》和《新时代高校教师职业行为十项准则》等文件精神，结合实际，依据《师德师风负面清单和失范行为处理办法》《预防与处理学术不端行为办法》《师德师风考核实施办法》相关规章制度进行管理。③"自警自省"，加强学习《中华人民共和国教师法》、新时代教师职业行为十项准则系列文件等，提高全体教师的法治素养、规则意识，提升依法执教、规范执教能力。制定教师法治教育大纲，将法治教育纳入各级各类教师培训体系。强化纪律建设，全面梳理教师在课堂教学、关爱学生、师生关系、学术研究、社会活动等方面的纪律要求，依法依规健全规范体系，开展系统化、常态化宣传教育。加强警示教育，定期签订《师德师风承诺书》，引导广大教师时刻自重、自省、自警、自励，坚守师德底线。

（3）三环：师资能力建设是发展支持，落实"三项举措"

第一，实施"翔越计划"，培育跨界融合人才梯队。在协同育人趋势下，充分利用产学研平台，培育跨界融合的教育人才，形成正确人才观，通过"翔越计划"构建"优才—杰青—能手—大师—领军—领航"链条式人才梯队、结构化教学创新团队。

第二，实施"桥梁工程"，共育双师型工匠之师。高校可基于校企法人契约关系的"教产岗位互通、专兼教师互聘"双师型教师校企共育机制，建设"双师型"教师培养基地，聘请行业企业领军人才、大师名匠和技术骨干到学校从事师资培养和实践教学。通过行业模范的桥梁引领，培育匠心之师匠魂之范。

第三，实施"青苗行动"，完善培育机制促进多元成长。教师发展中心落实教师培养培训体系。通过人事管理信息平台辅助教师"自我画像"，通过职业生涯规划，摈弃随意性、碎片化、拼凑式，按教师专业标准组成培训菜单，形成多元培养体系，培育成长型青年人才。

第四，实施"破壁行动"，设置科学的考评制度，为改革实效保驾护航。建立"333"教师分类发展和绩效考核机制，实施"破壁行动"。根据校情，将教师分为"教学型、教学科研型、科研应用型"三种发展类型；建立以能力水平和业绩贡献为导向、以目标管理和目标考核为重点，基于常规性、改进性和发展性工作有机结合的绩效考核评价体系，以考定岗、以岗定薪，将考核结果分为三个等级和三个档次。制定高层次人才遴选与奖励办法，实现绩效工资上不封顶。打破收入分配"大锅饭"、职务聘任"终身制"、薪酬激励"天花板"，建立绩效工资动态调整机制，营造多劳多得、优绩优酬的绩效文化，破除制约教师发展的主要壁垒。

当前，百年变局下，社会价值的多元多变时刻挑战教师师德师风。高校是培养未来大国工匠的教育场域，教师要"以德立身、以德立学、以德施教、以德育德"才能培养德技双修的社会主义现代化强国所需的技术技能人才。

第三节　高校教育中教师管理队伍的专业化建设

近年来，我国高校规模逐渐扩大，大学生在校人数不断增多，高校内部结构也必须发生改变，朝着多元化方向发展。高校作为一个规模庞大的复杂组织，必须在管理人员的素质上有所提升。"只有提高高校管理队伍的专业化水平，才能提高高校的竞争力，推动高校发展，使其切实肩负起社会职能"①。

一、高校教育中教师管理队伍的现状

（一）缺乏专业化管理能力

我国高校在教师管理人员建章立制方面的进程缓慢，甚至部分高校存在现代管理体制与管理队伍脱节的现象。目前，一些高校开始提升管理队伍专业化水平，尝试多种办法，但很多高校管理模式依然在过去管理模式的范畴。

（二）管理人员专业能力不足

高校根据管理人员的职能，对其采取不同的培养方式，在待遇和安排上也有很大的区别，部分高校希望招收高层次人才以推动学科发展，经常采取

---

① 苏静.高校管理队伍专业化建设研究［J］.科技经济导刊，2018，26（10）：119.

家属一同录用的方式吸引人才。招收的管理人员存在很大的个体差异性，部分管理人员缺少与教育管理专业相关的背景，导致高校管理队伍在知识结构层面上存在短板，难以有效提高管理水平。

（三）管理队伍不稳定

一方面，学校将过多的资源放在提升教学质量与学科建设上，对管理工作并未真正重视；另一方面，在工资福利待遇方面，教师队伍比管理人员更优越，导致很多管理者不愿意继续从事本职岗位而频繁调动。

二、高校教育中教师管理队伍专业化建设的策略

（一）提高思想认识

切实提升高校教师管理队伍专业化水平。高校要注重培养具备综合素质的人才，不仅要有过硬的专业技能，而且要有优秀的管理才能。

（二）实施管理资格认证制

目前，高校招聘管理人员和教师时，对已被录用人员进行岗前培训，只有获得证书者才能参加教师资格考试，在通过教师资格考试后才能进行上岗，这样的程序对于管理人员而言，这些证书和他们的管理水平相关性较小，无法作为管理资格标准。因此，高校应当在管理资格方面设置相应的资格证书制度，才能更好地对管理人员水平进行有效评价，实现高校管理水平的提升。在进行高校管理资格认证制度制定开展时，学校可以采取和相关部门合作的方式来进行开展，根据认证者的管理水平、年限等不同因素来进行划分，以

实现管理工作人员知识水平的不断提升改善，更好地实现高校管理水平的提升。

第四节　大数据时代高校教师队伍的精细化管理

　　大数据是在信息技术革命与人类社会活动相互作用的过程中发展起来的规模巨大、种类繁多、增长速度快且潜藏巨大价值的复杂数据，不仅能够预测社会各领域的发展态势，还能够实现各行各业组织管理效益的最大化。大数据的发展离不开教育的作用，教育水平的提升更离不开大数据的有效利用，作为集"人才培养、科学研究、社会服务、文化传承创新"于一体的高校将在大数据的浪潮中以参与者、促进者与推动者的身份，共同推进大数据在我国的研究与应用。高校教师作为大数据背景下"智慧教育"实施的实践主体，如何对高校师资队伍进行科学管理，实现教师队伍建设的效益最大化，提升我国高校教育教学水平，是当前教育大数据背景下亟待探究与解决的问题。

　　建设出色的师资队伍，必然要对教师队伍进行有目的、有计划、有条理的精细化管理。将大数据应用到教育领域对高校教师队伍进行精细化管理，已是当前高校教育管理的大势所趋，但在应用过程中需要对教师数据的质量及安全进行监控与管理。

一、精细化管理下的高校教师大数据质量

教育大数据与企业大数据不同，它的对象与人息息相关，其目的在于优化教师队伍，提升教育水平，数据与教学业务紧密结合，因此，对数据的粒度要求更精细、更具体。教师数据质量是对其进行科学分析的前提和基础，数据采集错误会直接影响教师数据的业务应用，影响对教师的录用、考核与发展等方面的判断，因而要更加注重教育数据的完整性、规范性、准确性、一致性、唯一性与关联性。

高校在应用大数据技术对教师队伍进行精细化管理之前需要做到：①建立真实、可靠且符合标准的教师数据库；②在教师数据建设的初期要对数据进行整体规划，在明确各类数据信息标准化的基础上建立业务系统之间的联系，避免"数据孤岛"现象的出现，从而保证数据的精确性；③在管理过程中，由于教师队伍的管理具有一定的灵活性，要充分考虑到数据系统的可扩展、可配置空间，从而规范系统运行过程中对教师管理业务的定制化开发；④在软件设计的过程中，要考虑到后期数据的维护与更新，要对数据录入、各系统间数据传递环节中的数据质量进行标准化检验，从而确保数据的真实性、准确性与完整性。

二、精细化管理下的高校教师大数据安全

大数据以其海量的多元化数据及独树一帜的预测功能而被广泛应用在各行各业，但在大数据应用过程中，隐私问题越来越受到社会各界的关注，在大数据时代如何保障用户数据的安全是大数据治理过程中最需要关注的。因此，在当前社会背景下，保障高校教师数据的安全需要做到：①高校要保护

教师的隐私，确保教师数据的安全是需要建立大数据安全管理机构，确定管理的目标与范围，并制定在实施过程中的安全管理策略；②管理人员的设置坚持"权责分散、不交叉重叠"的原则，如，系统管理员、数据库管理员、网络管理员必须各司其职，不能相互兼任，各参与人员均需通过一定方式进行考核确定，并签署保密协议；③对系统的日常运行进行安全管理，如，建立用户和分配权限，明确各用户权限、责任人员及授权记录，坚持"责任到人"的原则，规范系统操作流程；④在数据处理过程中，特别是在对重要数据的传输与存储时，一定要采用加密技术，并对重要数据进行备份，以确保数据的安全性；⑤要建立风险防范机制，建立切实可行的应急处理模式，以应对各类信息化安全事件的发生。

第五章 高校教育数智化创新人才培养的设计与思考

第一节 数智化背景下高校创新人才培养的着力点

数字化是提高人类生产力、推动人类社会进步发展的基础性建设工程，也是人类以跨越式的建设方法提高整体认知水平和能力的革命性进步工程，但与此同时，数字化不只是技术革命，也是人类对革命的认知以及人类对思维方式和行为模式的变革。因此，数字化不仅是技术革命，也是认知革命。在科技的支持下，人类的认知发生变革，即从表面认知变成本质认知，从独立变成联系，从感性认知变成理性认知，从依赖经验变成依据科学，人类对客观世界和发展规律的认知被数字化提升到新的层次。另外，新一代数字化信息技术包含大数据、云计算以及人工智能等重要技术，这些先进技术可以为企业提供管理、人才以及运营等各方面强有力的支持，还可以颠覆企业传统的思维模式和产业实践。

数智化源于数字化，简言之，数字化的智慧应用就是数智化，也可以称之为智慧数字化和数字智慧化。根据数智化的发展情况来看，可以分为三个重要阶段：数智化的第一阶段主要表现为数码相机和数字电视的数智化；数智化的第二阶段表现为企业管理的数智化；数智化的第三阶段主要表现为人机协作的数智化。随着科技的进步，将来还会出现人与人"思频互联"的数智化。下面以高校物流专业为例，就数智化物流趋势下，如何培养职业教育迁移能力，与如何培养高校新型人才的着力点进行分析。

一、创新培养模式

创新培养模式，即创新迁移能力培养为核心的人才培养模式。培养物流类专业人才就是培养未来的物流职业人才，因此，人才培养应该侧重于培养人才的迁移能力。

首先，明确我国物流行业的数智化发展趋势，深入企业内部，加强企业调查，充分了解物流企业物流人才的实际需求，把握当下的同时放眼未来。另外，教育部门、对口企业以及行业学校应该加强协作，协同发展，共同培育符合时代发展的新型人才。

其次，遵循学生的客观成长规律，引领学生吸取专业知识和掌握专业技能，构建注重能力培养的培养路径，具体可从以下几点出发：第一，构建主辅修机制，鼓励学生跨专业选修课程，让学生通过业余学习获取更多知识；第二，鼓励学生积极参与创业创新项目、社会实践活动以及企业实践活动等，将实践活动设置成对应的学分，培养和提高学生的创新能力和实践能力；第三，把平时的技能比赛和相应的学分挂钩，激励学生积极参加各种技能大赛，不断提高自身的专业能力；第四，学校组织开展校友报告会、专家讲座以及科技活动等，全面提高物流专业学生的专业素养。

再次，根据不同的生源实施因材施教，积极探索现代化培养模式，比如订单班、小班制等，在人才培养和教学的过程中始终坚持以学生为主体，充分展现以学生为中心的教学理念，实行弹性学制、柔性化管理等教学制度。

最后，将学生的升学路径贯通，在职业能力分级的基础上探索有效的衔接方式，开展培养试点，设置升本班以及卓越班等不同形式的班级。

二、建立课程体系

建立课程体系即建立基于能力进阶的课程体系。实现人才培养目标主要表现为课程体系的有效展现。因此，客观地认识学生的实际水平，设计和实施特色课程体系非常重要。

首先，保障通识教育在课程设置中的占比。人才培养最重要的是培养学生终身学习的兴趣和能力，不管是在当下还是未来，大数据、人工智能以及资源变化等都会为人类社会以及物流行业带来发展机遇和挑战，在学生掌握高质量通识课程的基础上，可以利用通识课程的知识思考和解决上述问题，并深入探究人类未来的发展。具体而言，可以从两方面提高通识课程的质量，一方面不减少数学、英语等课程；另一方面是设置更加丰富的通识课程，并以必修和选修的方式为学生提供多样化的选择，不断扎实和拓宽学生的专业知识体系。

其次，构建和实施具有层级递进性质的专业课体系。在分析职业能力的过程中，将物流专业人才培养的要求细化，构建能力进阶体系，将其转化为专业课程。比如，大一阶段，开设一些基础性专业知识课程，把这些课程设置为限选课程及通识课程，例如，网络技术、计算机基础以及编程语言等专业课程；大二阶段，把数智化知识及技能与专业课程和基础技能结合，开设一些应用数智化基础知识的课程，例如，物流信息技术、智能化设备维护以及物流数据分析等专业课程，并在此基础上设计专项技能训练和项目实训等实践项目；大三阶段，主要开设专业知识与应用结合的课程，设置系统开发、综合应用等专业性较强的课程，把知识与技能有机融合。

再次，紧密关注物流专业相关的产业发展新动态，积极开发集群职教课程。群基础课程可以拓展学生对职业的适应度，拓宽学生的就业途径。并且，开设群基础课程应该具备动态性及前瞻性，通过不断实践和反思优化课程内容。

最后，课程设计应该理论和实践相结合，保证实践课程和理论课程以恰当的比例呈现在课程设计中。对职业物流人来说，最重要的就是思考能力和实践能力，而大部分学生的实践能力都来源于实践教学。实践教学是对理论知识的实际验证。所以，实践教学应该接轨企业的实际需求，这在一定程度上需要学校和企业加强合作，并以恰当的方式对接企业。

第二节　高校数智化 T 型人才培养模式的探索

随着数字经济的迅猛发展，商业活动中不断融入人工智能、云计算以及大数据等新兴技术，并且，智能终端设备和网络基础设施的应用也更加广泛。商业活动的数智化发展让其对人才的需求越来越准确，随着时代的发展，高层次的数智化人才也越来越多。面对新的发展格局，传统的人才培养方式应该全面改革，学校和企业应该通力协作，共同培养高技能、高创新力的新商科人才。下面以高校人力资源管理专业为例探讨高校数智化T型人才（既有较深的专业知识，又有广博的知识面的人才）培养模式。

一、明晰专业定位

明晰专业定位，凝练数智化人才培养目标。随着数智化时代的不断发展，高校培养人力资源管理专业人才面临着全新的挑战，首先，高校应该突破传统的培养模式，明确数智化对专业建设的重要性；其次，高校应该不断拓展学习深度和学习广度，明确培养目标，全方位培养和提高学生的综合素质。对高校人力资源管理专业来说，培养专业人才可以从知识目标、能力目标和素养目标出发，不断调整和升级培养目标和计划。

第一，知识目标。学生不仅需要掌握规划人力资源、招聘人员、开发培训、管理薪酬，以及协调劳动关系等基础性专业理论，还需要跨学科学习综合性基础文化知识，比如，计算机技术、编程等重要学科知识。

第二，能力目标。当学生掌握了基础理论知识之后，可以引导学生理论与实践结合，进而正确地认识企业人力资源管理中的问题，并充分利用新技术和方法提出创造性、可行性的解决方法，再服务于企业人力资源管理的系统设计和系统业务。

第三，素养目标。目前，如果只培养和提升T型人才的专业实践能力和专业理论，很难满足社会和企业的人才需求。社会和企业需要综合素质高的T型人才，需要其具备良好的心理承受能力、社会适应能力、团队合作能力以及较强的社会责任感等。所以，高校的人力资源管理专业人才应该从多角度综合培养，除了专业教育以外，还应该注重培养人才的人文素养和数智化能力，除了掌握新技术，还应该培养学生的社会责任感和塑造健全的人格。

二、优化课程体系

优化课程体系，需要构建管工结合的课程体系。从数智化 T 型人才的培养目标来看，最先需要优化的是人力资源管理专业的课程体系。数智化发展分为三个阶段，即数字化、在线化以及智能化，其中，比较重要的是数字化和智能化。比如，把人工智能、大数据分析和处理等课程融入人力资源管理专业的课程体系中，可以为培养 T 型人才提供助力。随着数字化经济大数据时代的进步和发展，为了实现 T 型人才的培养目标，各高校应该从学生自身的成长特点出发，结合社会和企业的实际需求，优化专业课程体系的设计，并在设计核心模块的基础上应用管工结合的课程设计体系，深入探索和创新 T 型人才培养模式，进而实现人才培养目标。优化人力资源管理专业的课程体系可以从以下几点出发：

首先，优化通识基础课程内容。丰富和优化通识基础课程内容，开设编程设计、计算机技术等课程，有效实现管工结合，为培养数智化人才打下坚实的基础。除此之外，还可以开设一些人文类学科，比如中国近现代发展史以及思政课程等，丰富 T 型人才的综合素养。

其次，优化专业核心课程内容。在专业核心课程中，除了与人力资源管理相关的专业基础课程以外，还可以依据学校的实际情况，开设商业大数据工具、智能招聘以及分析管理软件等课程，提高学生挖掘、分析和整合数据的能力，进而不断提升学生的综合能力。

最后，优化实践教学课程内容。在实践教学课程中，高校除了设置专业实习的课程以外，还可以设置集中实践课程，比如，VBSE[①] 企业运营综合实训、人力资源管理沙盘模拟，以及人力资源信息调查等课程，帮助学生探索适合自己的解决专业问题的方法，进而提升学生的数据分析能力和智能化应用能力。

三、深化校企融合

深化校企融合，需要重塑创新实践的教学形式。除了课程设计的优化，高校还应该注重校企合作和融入创新创业的教育理念，积极创新实践教学形式，将实践课程、双创教育和校企合作融为一体，为积极落实人才培养计划和目标以及锻炼和提高人才专业技能提供强有力的技术支持，进而满足企业的实际需求。因此，高校应该积极构建数智化 T 型人才培养实践平台，从多方面展开教学实践，全面提高专业人才的实践能力。在数智化的发展背景下，各高校可以通过构建新型的校企合作制度进一步培养和提高专业人才的技能。

第一，高校应该加强校企合作，加强实训基地的建设。在建设长期稳定的实训基地时，还应该注重开发新的实习基地，有效促进数智化的建设和发展。除此之外，还可以和企业合作，共同组建实训基地，一方面为企业提供理论支持；另一方面为学校提供实训平台。

第二，学校应该邀请专业技术人才到学校讲学，优化课程体系的同时，学校也可以邀请相关企业的专业人才一起设计符合实际需求的课程；与此同时，学校还可以聘请企业的技术骨干到学校授课，弥补理论教学的不足。

第三，高校应该注重创业创新教育，可以从学校的层面出发，开展专业

---

① vbse 的全称是"虚拟商业社会环境"，是一种实践教学方式，在各大高等学校的财务类专业教学中都会设置这一门实训课程，目的是为了提高学生对专业知识的实践运用能力。

创新创业实践活动，并在此基础上培养"互联网+"创新项目；另外，学校还可以把科研项目转化成开放性实践活动，让学生深入接触前沿科技，并由教师引导学生积极参与实践，和企业通力协作，共同转化科研成果，不断培养和提高学生的实践创新能力和综合素养，多角度培养综合性专业人才。

四、加强师资培训

加强师资培训，需要成立互补协作的师资团队。对培养高校人才资源管理专业数智化T型人才而言，至关重要的一环是组建专业的师资团队。大部分高校在教学实践的过程中已经意识到了数智化变革的价值，但因为缺少数智化T型人才培养师资力量，高校教师的信息化能力不足以及专业技术欠缺等问题出现。所以，高校组建数智化师资团队对培养人力资源管理专业数智化T型人才非常重要。为了有效实现培养目标，各高校可以从以下几点内容出发，增强建设专业师资团队的能力：

首先，提高专业教师的数智化意识，作为专业教师，应该不断提高数智化素养，在教学的过程中，应该充分利用定量分析法，指导学生以数据为基础进行数据分析，全面客观地总结出科学、合理的问题解决方案。

其次，加强专业师资队伍的建设和培养，聘请数智化专业人才，定期组织相关教师进行专业培训，不断提高教师的专业能力和技术水平，此外，学校应该鼓励和支持专业教师积极参与数智化有关的学术活动，鼓励相关专业的教师深入企业，在企业挂职实践，进而全面提高专业教师的专业水平。

最后，跨学科建立专业的师资队伍。通常情况下，高校的人才资源管理教师都具备扎实的理论教学能力，但缺少与其他学科的融合。因此，为了构建符合需求的专业师资队伍，更应该贯彻落实专业融合；具体而言，可以组建校内跨专业的师资团队；另外，也可以聘请校外专业的教师，弥补教师团队的不足，最终实现教师能力的互补，实现专业人才培养的相互协作。

校内教师的主要职责是教授和专业课程的理论知识，校外教师的职责是指导教学实践，并为校内的专业教师提供专业技术支持。在数智化的驱动下，人才资源管理专业应该构建技术互补、相互协作的专业师资队伍，并把大数据技术和数智化融入队伍建设中。

第三节　物联网应用技术专业人才的培养路径

一、确定培养目标

学校应该与企业岗位需求及区域产业发展相结合，对物联网应用技术专业中适合现代学徒制的岗位进行确定。如，对于拥有物联网设备安装调试、大数据经营分析、物联网应用系统销售等岗位的企业进行联合。学徒可在企业工作，其发展岗位有传感器应用开发工程师、嵌入式软硬件开发和设计工程师、物联网系统开发工程师等。在培养目标方面，除了需要培养人文素质、思想素质外，还应该重视培养技术技能，保证学生具备扎实的物联网系统开发、测试及应用等能力。

二、完善课程体系

课程体系需要与物联网行业发展要求相结合。根据专业技术服务一线岗位的工作过程，课程体系应该同时包含职业标准、课程内容、岗位拓展能力、岗位工作能力以及专业能力。教师可以与工作岗位、工作任务、工作项目、职业能力的目标相结合完成课程结构的构建。其结构由职业基本素质课程、专业技术基础课程、公共基础课程、岗位能力拓展课程，以及岗位技术技能课程组成，与分析的培养岗位相结合，对岗位技术技能课程进行确定。

三、注重校企合作

教师应该对校企合作机制进行制定和优化，完成双元化教育模式的创建，开展实践教学与理论知识联合教学机制，使学生具备更强的职业素养和基础技能水平。对企业而言，在实际培养学生时，应该以工作岗位为导向，对人才培养模式进行建立和完善，提升实训机制的专业化程度，利用定岗实训的方式培养学生的学习能力，促进学生更好地对物联网应用专业知识的理解和掌握，推动其形成良好的知识结构。同时，在进行校企合作时，学校可以通过合理的方式解决问题，制定校企合作规则，防止在校企合作中有违规的问题出现，从而有效保证物联网应用专业人才培养效果。另外，在校企合作教学过程中，学校应该详细地了解和分析企业工程师的专业素养，完成相关经验的积累，对自身教学进行优化，从而使培养物联网应用专业人才的效果得到提升，使当前的实际需求得到更好的满足。

四、关注师资建设

校企双方应加强合作，对"双导师"进行培训。

（一）对双导师的工作职责进行明确

第一，参与完成人才培养方案、课程标准的制定。

第二，共同完成职业基本素质课程、专业技术基础课程、公共基础课程、岗位能力拓展课程及岗位技术技能课程的教学任务，紧密合作，有效沟通，设计与开展各种理论与实践课堂教学，保证课程考核得到有效落实。

第三，负责教材编写、课程设计、专业建设等内容。

第四，与相关的校企教育教学管理制度相结合，记录教学过程资料。

第五，为学生提供企业岗位资格认证、职业资格认证及职业技能竞赛的相关指导。

第六，参与学生心理健康、职业精神和思想政治教育。

第七，共同努力促进教学改革。

第八，积极参加企业的技术攻关项目及学校的科研项目，共同开展社会服务。

（二）对双导师的培训内容进行明确

1. 培训现代学徒制内涵
主要包含国家关于现代学徒制的文件、规定和人才培养内涵。

2. 培训师德师风
主要包含教育教学行为规则、教育教学基本原则及相关的政策法规。

3. 培训职业教育理念

主要包含最新的国家职业教育改革精神、学校的具体实现途径和总体思路、国际职业教育发展的方向和成功失败案例。

4. 培训实践能力

主要是对学校教师进行企业岗位实践培训，包含专业的发展趋势和需要解决的问题及合作企业的工作要求、流程、技术等内容。

5. 培训教学能力

主要针对企业导师的执教能力进行培养，包含教学手段和方法、撰写教学文件等常规培训内容。

第四节　信息安全与管理专业人才的培养模式

近年来，互联网飞速发展，在很大程度上影响着社会的发展。移动网络的联通功能日益强大，移动用户的数量也在急剧增长，各行各业的发展都离不开移动互联网技术，人们的生活也更加便利，但与此同时也产生一些安全问题。所以，社会急需信息安全与管理的专业人才，此类人才的培养也是当前的热点话题。

本节基于目前的信息安全与管理专业人才培养方案，加强与企业的交流与合作，深入了解社会信息安全人才的缺口，探索在新的环境下如何优化信息安全与管理专业人才培养方案。

一、优化课程建设

第一，与企业开展合作，校企共建岗位核心课程，关注社会需求，及时更新课程内容，综合当前岗位需求和学生的特点，做好课程和工作岗位的衔接，让学生学以致用。此外，基于移动互联网环境发展的大背景，开设新技术课程，开阔学生的眼界，帮助学生掌握多方面的技能。

第二，邀请企业实践经验丰富的专业人员教授相关课程，加强师资队伍建设，为学生提供更高质量的教学；还可以邀请企业专家开设有关信息安全的讲座，开阔学生视野。

第三，采用工作项目开展项目式教学，教学地点可以选在机房，理论和实践相结合，工作岗位与学习相匹配，培养学生的合作意识和创新意识，使学生能够学以致用，运用所学知识和技能解决项目难题。

第四，为了取得最佳教学效果，信息安全与管理专业课程还可以引进慕课，为学生提供更丰富的学习资源，充分利用学生的碎片化时间，引导学生自主学习，做好课前预习和课后复习，也便于教师了解学生的学习情况，采取针对性更强的教学方法。

二、完善实训建设

向学校提出申请，购买信息安全实训设备，因为目前各种新技术更新速度快，更新实训设备，才能更好地满足学生发展需求。实训场地要近似于真实的工作环境，尽量采用真实机器操作，使学生将来能够更快地适应工作岗位。大三时开设顶岗实习课程，帮助学生尽快掌握工作流程、职业技能等。要保持与校外实习的学生的联系，了解其实习情况，因此，可以在网上搭建实习管理平台，对校外实习学生进行管理。

第五节　建筑智能化工程技术专业人才的培养模式

一、明确培养目标

明确培养目标，即明确建筑智能化工程技术专业人才培养目标。建筑智能化系统是在建筑的基础上，实现建筑物的智能化，这一系统包括楼宇自动化、通信自动化和办公自动化。对智能建筑的定义是：在建筑物的基础上综合应用各种智能化信息，融合架构、系统、应用、管理等内容，具备感知、传输、推断、决策等功能，使人、建筑和环境形成和谐的整体，为人们提供更安全、便利、环保的生活环境。

随着我国建筑智能化行业的快速发展，高级技术技能型人才出现紧缺，在这一大背景下，建筑智能化工程技术专业产生。目前我国建筑智能化行业人员缺口大，尤其建筑智能管理、设计、维修等岗位。但是设计、施工岗位以外的很多工作人员较少接受相关培训和教育，专业知识和水平不足，有些运营和维修人员原来是做电工的，明显资质不够。所以，建筑智能化工程技术专业人才培养应该侧重于设计、施工、管理等方面，培养高水平的技术和技能型人才，才能促进建筑智能行业的发展。

建筑智能化以及工程技术专业的毕业生将来工作主要是在建筑设备企业、物业管理公司、建筑公司等，因此专业人才培养要具有针对性，着重培养学生的综合素质，发展其专业技能；学生需要掌握的技术包括智能化工程设计、施工、安装、管理、维修等；学生需要具有较强的实践能力，以能够适应建筑行业生产、管理、服务等工作，并具备良好的创新意识和创新能力。

建筑智能化工程技术专业团队的成员要调查研究多家企业，了解企业岗位人员工作素质和技能要求，基于工作流程设置符合岗位要求的课程，使学生的学习与将来的工作岗位相契合，与企业携手，培养综合素质全面发展的技术技能型人才。

二、优化培养路径

优化培养路径，即优化建筑智能化工程技术专业人才培养路径。

1. 学校和企业开展合作

校企合作共同研究教学内容，提高教师专业技能，为学生实习提供更多实践机会和更好的实践条件，激发企业参与人才培养的积极性。企业和高校加强交流，了解供需关系，建立长期合作的机制。

2. 培养学生工匠精神

建筑智能化工程技术专业的课程设置要以职业能力发展为核心，重点培养学生工作能力，提高工作业绩，同时注重培养学生的职业道德和知识能力。课程开发要引入企业和行业岗位的要求、人员工作能力考核规范等内容，使学生明确岗位具体要求，建立科学的评价体系。在培养学生的过程中，要重点提高学生的实践能力和解决问题的能力，培养学生工匠精神。

3. 提高综合技能

建筑智能化工程技术专业课程既要引入工匠精神，又要重点突出实践教学。在充分了解专业和学生发展情况的基础上，帮助学生尽快适应工作岗位，这样企业就可以减少培训时间，促进学生未来的发展，校企合作设计实践教学内容和环节，丰富校内综合实训类型，鼓励学生积极参加创新创业活动，全面提高学生综合职业素养和能力，毕业后可以顺利走上工作岗位。

实践训练有助于学生快速掌握相关办公软件，能够操作电工类仪器仪表工具，独立完成路由器和交换机的配置，做好建筑智能化系统设计、施工、管理等工作，汇智电气工程图，完善工程造价，此外还要能对通信自动化系统进行整体安排。然后顶岗实习，学习设计、施工、管理等内容，具备综合素质。此外，建筑智能化工程技术专业还要安排职业拓展学习，包括创新创业、新技术、人文素质相关课程，丰富教学内容，开阔学生视野，提高学生综合知识和能力。

第六节　基于虚拟仿真技术的机械类专业创新人才培养路径

一、创设相关情境

要想更好地发挥虚拟仿真技术的作用，需要教师在具体教学中注重教学与生活、生产的结合。具体可以通过虚拟技术模拟生活、生产中的实际场景，使学生能够产生一种身临其境的感觉，进而能够更加轻松、有效地获取相关知识。而且通过情景创设，还能激发学生的学习兴趣，帮助学生更快地进入学习状态中，并积极主动地进行思考分析，寻求同学的帮助，最终实现学习效率的提升和知识的掌握。

在机械电子技术教学中，教师完全可以应用虚拟仿真技术创设一个合适的教学情境，如，模拟电路操作台，并通过虚拟仿真技术为学生呈现生产中实际的电路数据，这样可以有效集中学生的注意力，使学生积极参与到教学活动中，并在实践操作中获取相关知识，实现实践操作能力的提升。而且，这样还能让学生更好地了解自己未来的职业，学习目标更为明确，最终实现更好的发展与进步。

二、进行模拟操作

就机械电子技术专业教学而言，合理应用虚拟仿真技术进行模拟操作，也能让学生感受到操作的趣味，不过需要注意的是，模拟操作毕竟是模拟的，所以不能完全代替实际操作。同时，因为是人工模拟的，所以对一些无法预料的情况也难以模拟，而真实贴近生产、生活的操作体验对学生而言十分必要，并且也是学生机械电子应用水平提升的重要途径。所以，在虚拟仿真技术实际应用过程中，机械电子技术课程教师绝对不能为了应用而应用，而是应该充分考虑实际操作的重要性，并且促使模拟与实践的有效结合，将两者长处最大化发挥出来，推动学生综合应用能力更进一步地发展。

三、组织探究活动

就机械电子专业技术教学而言，探究活动的开展十分有必要，不仅有助于锻炼学生的探究意识，而且还能加深学生对理论知识的掌握与认识，提升学生的实践操作能力。而在虚拟仿真技术实际应用中，教师可以结合学生具体情况将他们合理分成几个小组，然后以小组的形式完成探究学习任务，这主要就是因为在模拟操作过程中，如果学生单独操作那将极易出现纰漏，而通过小组合作的方式，便能利用集体智慧，达成一加一大于二的良好效果，促使探究活动更加高效地完成。在探究活动实际开展中，教师并不需要局限于传统模式的束缚，而是可以应用多样化的形式组织开展，如竞赛模式等，这样可以很好地利用学生的好胜心理，使他们积极主动地参与到探究活动中，进而有效提升学习效率，实现理论知识的掌握和实践操作能力的提升。不过需要注意的是，教师在这一过程中应该掌控好全局，使学生进行良性竞争，相互促进。在这种方式下，每一位学生都能有所收获，并且认识到团队协作的重要性和作用，这对其今后也有很大的帮助。

综上所述，在教育信息化不断推进下，虚拟仿真技术作为其中的重要部分，得到了很好的发展与推广。在机械电子技术课程中合理应用虚拟仿真技术，是一种必然的趋势，所以该专业教师应该加强重视。具体需要教师与时俱进，积极创新自身传统教学观念，应用科学的方式将虚拟仿真技术与理论知识有效结合，以便达成更为理想的教学效果，促使教学目标有效实现。

第六章　高校教育数智化创新实践路向的探索与研究

第一节　高校校园文化建设与数字媒体技术的融合创新

一、高校校园文化建设的意义

（一）有利于促进优质校园文化向社会文化的延伸

"立德树人"是高校的根本任务，因此，高校的校园文化建设工作也应与根本任务相一致，要做到从"以文化育人、用文化强国"出发，不断丰富校园文化的内涵，提升校园文化的质量，发展先进、有特色、健康向上的校园文化。要以优质校园文化为基础，实现优质校园文化向社会文化的延伸，从而不断推进国家先进文化的发展与创新。

（二）有利于创造良好的文化育人环境

高校校园文化的建设能够使高校办学更有特色，能够创造良好的文化育人环境，有利于办学和教学质量的提升，从根本上帮助高校培养爱党爱国、品质高尚的社会主义建设者和接班人。

二、高校校园文化建设与数字媒体技术的融合路径

下面以基于 VI+VR 技术的智慧校园文化系统设计与实现为例进行分析。智慧校园是信息高度集成下的一种发展趋势，在信息技术、物联网技术、人工智能技术、大数据技术的支撑下，可以将校园运营的数据信息进行数字化转变，以数字体系阐述校园运营中的各类形式，实现一体化管理。

视觉识别（VI）器是以视觉符号为基准，通过智能识别功能对各类静态化信息进行表述，可以形成具体化与视觉化的传达路径，保证各类效果在呈现过程中可以分析出意象性、抽象性的信息，进而转变为具有独立功能的文化符号。从校园文化建设角度而言，利用视觉识别系统可以将文化进行多层次的表述，保证各类文化服务的对接性。虚拟现实技术（VR）是利用计算机网络平台以及相关软件系统构建出虚拟与现实相结合的场景。从技术角度而言，其可以搭载计算机仿真系统，构建出模拟环境，提高模拟环境的沉浸性特征。通过各类数据映射将信息转变为数字化体系以及相关模型，再经由输出设备以及电子信号传输机制，将物体进行虚拟化成像，这样人们通过智能设备进行观察时，可以更为直观地感受到数据模型的立体化特征，提高人们与机器之间的交互性。智慧校园文化系统在建设过程中，应充分考虑文化平台与智能系统之间的关联性，保证智慧校园中各类数据信息的实现可以正确驱动校园智慧文化的延伸。只有这样才可以打造出文化与技术相融合的发展框架。

（一）校园 VI 系统

基于视觉识别技术建设的智慧校园文化系统，主要是以视觉感官为主，通过多层次、多方位的元素融入，保证每一类文化特征可以通过实际载体予以呈现。除此之外，智慧校园文化的视觉属性，可以将外部相关联的视觉化元素进行设计，例如，建设校园智能卡、智慧网站以及数字终端产品等，通过视觉元素的融合，保证每一个项目体系在实现具体功能时，可以令学生充分感受到校园文化元素带来的冲击感。在设计过程中可以利用视觉识别系统，将校园文化的抽象化概念通过标志图案以及色彩进行表述，将元素转变为视觉传达符号，可以令整个标志具有鲜明的特征。学生在接触到此类标志时，则可以真正感受到校园文化的魅力，凸显出文化精神内涵。

（二）虚拟校园交互式展示系统

利用虚拟现实技术设计智慧校园文化系统，主要是依托于交互式与沉浸式功能打造出三维立体化的虚拟场景，结合物联网的技术，将整个校园的各类环境进行场景模拟，通过数字信息与数据模型，保证每一类信息所阐释出的各类数据载体是符合 1 ：1 场景建设的。例如，建筑楼、综合楼、住宿楼以及绿化景观、运动场所、实验设施等。通过智能软件设定出整个校园参数，保证每一类信息在比对与实践的过程中，可以通过模拟的形式，凸显出校园文化的主体特征。这样，学生在利用虚拟现实设备对校园场景进行查验时，可以通过多形式化解析出整个场景本身所具备的特征。例如，在对校园参观时，可以通过定点俯瞰、仰看的形式，对校园内部的环境进行解析。除此之外，通过校园文化系统与之交互功能之间的有机结合，可以真正凸显出文化的特色性与价值性，师生可以通过虚拟设备全面了解到教学环境教学设施等。与此同时，在校园文化拓展过程中，还可以通过虚拟现实产品建设搭载互联网，分析出当前教育活动在开展过程中所呈现出的发展概况。例如，通过大数据挖掘技术模拟数据信息，在规定时间内的走向，将各类信息资源进行价值化整合，通过物联网实现人们与整个虚拟校园文化场景的互联与互通。在文化体系建设过程中，可令参与虚拟环境的各类人员，充分了解到校园文化环境以及各项活动设施在运行过程中所起到的价值，达到文化弘扬的效果。

（三）多媒体信息发布系统

从校园文化的衍生与演变角度而言，校园文化是通过不断的教育实践与管理实践所形成的一种特定性思维，且此类文化思维可以作为校园精神建设的一个重要衡量点，进而指引着后续教育活动的开展，为学生树立正确的文化观念，提高人才培养的针对性。智慧校园文化系统的设计与实现则是需要按照传统校园文化的演变规律为主体，结合互联网运作模式，将各类文化传输作为一个衡量体，凸显出文化的本质价值。对此，可以采用多媒体信息发布系统，作为校园文化传播的一个节点，通过多媒体平台以及网络平台，依据不同文化特征在不同区域、不同终端显示出内容，此时文化传播则可以通过各类载体进行现场规划，例如，电视节目、网络直播节目等此类定向式的组成形式，不仅可以将文化来源界定；同时也可以通过多渠道对文化进行延展，这样可以通过打破传统校园文化时间与地点的局限，依托于互联网进行无限制、无区域内的传输。在具体设置过程中，校园组织人员以及技术人员可以针对多媒体平台进行研发处理，结合不同播放形式以及不同播放时间段，将信息定向推送到网络平台之中，可以有效实现平台与学生之间的交互性。

技术人员应起到信息审核的重要性，将播放终端设定出相应的认证机制，人员才可以依据自身信息登录到网站，有效杜绝外来人员的访问问题，从而达到文化的定向化与规范化推广，有效增强校园文化的传播效率。

第二节　人工智能、大数据和云计算协同管理的融合创新

一、人工智能、大数据和云计算的认知

（一）人工智能

人工智能，又名机器智能，是指智能由机器展现出来，但是，人将机器智能研究了出来，所以又叫"人工智能"，人们开发研究人工智能是为了延伸、模拟与拓展人的智能技术和计算方式，人工智能作为主要的计算机形式，目前已经被大量地应用到各个行业中。早在很久之前，人工智能就诞生了，发展至今已经能为人们完成很多事情。人工智能发展的最终目标就是"人"，此处的"人"是指人工智能既要拥有人活动的能力，又要拥有人思考的能力。当下的人工智能有三个类型不一样的系统：第一，分析型人工智能具备认知的能力，可以根据储存库的经验开展决策，从而提供给人类动力。第二，启发型人工智能具备情感的能力，在开展决策时会将情感因素混合进去。第三，人性化人工智能具备自我的意识，可以和人开展交流互动，从某种意义上说，此系统的人工智能与人工智能发展的最终目标最为接近。

但是，如今的人工智能还远远达不到发展的最终目标，如今的目标则是用人工智能做些比较繁杂的工作为人分担工作量。人工智能探究的主要问题有四种，即学习、知识表示、操控对象的能力和自然语言处理的能力。平常的智力仅仅是人工智能要达到的其中一个目标。人工智能的方法有三种，即传统的符号人工智能、统计方法以及计算智能。人工智能的专业工作人员为了保障人工智能可以把自身的作用充分发挥出来，在建构期间用到了基于概率、统计和经济学方法，以及人工神经网络、数学优化等大量工具。人工智能在发展期间综合了哲学、数学、信息工程，以及计算机科学等很多学科的相关知识。如今，全球的信息技术在不断发展，云计算和大数据的发展都有了很大程度的提高，人工智能也实现了质的突破。人工智能目前早已是全球产业中关键的组成因素，能够将许多关系到运筹学和计算机科学的疑难问题解决掉，有非常重要的价值。

（二）大数据

大数据是指"在一段时期和范围里，用新的处理方法解决平常软件不能处理的问题，决策力的信息资产、决策以及洞察发现才会更强"[①]。大数据智能追踪与观察，做不到抽样检测。人们运用大数据，依靠的主要是用大数据分析和观察人的表现与行为举止，其意义是数据在处理、分析和加工以后能达到增值，而不是大数据自身具备的追踪和观察作用。大数据有 5 个特征，即低价值密度、真实、高速、大量、多样，需要计算机为其进行数据支持，云计算负责处理数据，和计算机的关系非常密切。适当地使用大数据才可以增值。

---

① 王侃.人工智能、大数据和云计算的融合发展［J］.信息记录材料，2022，23（2）：170.

从某种意义上说，数据容量能够展现数据的潜藏信息和数据的价值，合理运用大数据可以用最少的成本完成最大的价值。大数据的结果分为三种，即半结构化、结构化以及非结构化，如今很多企业运用的数据几乎都是半结构化数据。若想用正确的态度看待大数据，分析时便应根据下面三个方面：

1. 理论

大数据若想被人们大量认可同时得到广泛传播，基础是要用正确的态度看待大数据的理论。理论不仅能展现出大数据处于目前社会中的意义价值，还是表现自身特点的方法。理论上看，人们能够具体地分析出大数据的未来发展和大数据处于各行各业的意义价值，能归纳大数据存在于各行业的价值，将大数据的隐私看作是基点，深入地探究大数据存在于人类社会中的价值。

2. 技术

大数据能够存在并得到发展，最基础的便是技术。大数据的技术类型主要有四种，即感知、云计算、存储技术和分布式处理，这些技术有利于大数据从采集到最后形成结果的全过程，有利于保障数据的准确，让大数据充分将自身的作用发挥到各个行业中。

3. 实践

如果说大数据发展的前提是大数据的技术和理论，那么表现大数据最终价值的则是实践，新兴技术只有在实践中得到应用才能将自身的作用充分发挥出来。如今，网络、企业和个人等各个行业都在使用大数据，大数据不仅给人们带来了便利，还提高了我国的信息技术。

（三）云计算

云计算是指让网络中的大量数据在计算机这一载体中分解，再由服务器和系统处理，然后再为用户提供处理的结果，这是经典的虚拟资源。云计算最明显的特点便是自身的计算能力和速度。目前，云计算最主要的应用途径为地质监测、行业发展以及天气预报，而且，云计算也不是对全部用户开放。

人们非常容易混淆效用计算、网格计算和自主计算。效用计算是计费的方法，不同于云计算。网格计算是分布计算的一种，本质上是超级虚拟计算机，一般而言，此种计算需要做一些大型的工作。自主计算是开展自我管理中的一种模式。虽然云计算不同于以上三种模式，但是，大部分云计算都需要依靠计算机群。

二、人工智能、大数据和云计算的协同发展

（一）人工智能、大数据和云计算的联系

云计算、大数据和人工智能都是信息技术进步到某种程度产生的结果，计算机是三种技术的载体，发展到一定程度必然会对三者进行融合。如今三种技术在社会中已经得到了普遍的应用，不过，不同的技术应用在不一样的领域中。人工智能发展最主要的源泉便是云计算和大数据。从某种意义上说，计算机发展的趋势包括上述三种技术，它们彼此是互相融合的，但目前三种技术还在发展阶段。人工智能与之相比被应用得较为广泛，比如，商场的小机器人、手机中的语音小助手以及智能的操控家电开关的系统等。但事实上，人工智能若想更好地发展，必须有大数据和云计算的支持，这也说明三种技

术是密切相关的。

不管是大数据、云计算还是人工智能，都需要信息技术的支撑。目前，全球都处于信息时代，从全社会来看，信息技术的作用非常大，大数据、云计算、人工智能的存在都需要依赖信息技术。但不管是什么技术，对社会的发展都有一定的推动和阻碍作用。

总的来说，大数据、云计算、人工智能技术都促进了社会进步，将各行各业的水平提高，推动了全球进入新的发展阶段。三种技术的阻碍作用随着社会的进步也会逐渐得到解决，在此期间，专业技术工作人员就需要格外注重阻碍作用，用技术解决掉阻碍作用，在利用大数据、云计算以及人工智能的同时，也避免其对人们的生活产生阻碍。

（二）人工智能、大数据和云计算的影响

为了对公司的业务进行优化、将自身的发展能力提高，大部分企业都会使用大数据，尤其服务业和金融业。但是，云计算是大数据进一步发展的前提，若是云计算不能得到好的发展，大数据则不能把自身的作用充分发挥到各个行业中来。云计算的存储功能和计算能力非常强大，能够推动物联网和人工智能发展得更好。人工智能得到了大量的应用，因此云计算也有了很大的发展空间。与此同时，人工智能的发展期间有很多问题可以拓展，总的来说，人工智能作为一种机器智能，若想实现终极形态要经历特别长的时间，而这种终极形态目前仅仅是人们的猜想，最后能不能达到尚待考察。

人工智能若想在短时间发展，就务必要有云计算和大数据的支持。目前的人工智能比较机械，缺乏足够的实用性和灵活性，云计算和大数据的发展若是一直保持现状，也没有大的发展态势变化，未来的人工智能则很难得到发展。与此同时，大数据和人工智能的水平由云计算的水平所决定，如果云计算的存储功能无法得到提高，计算的速度得不到提升，大数据和人工智能则都无法进一步发展。

三、人工智能、大数据和云计算协同管理的融合应用

（一）统框架

譬如，一家涵盖理财、储蓄和信用等业务的综合性公司，其中主要运用大数据的是信用服务业务，大数据通过对固定阶层群众的支出和收入情况进行分析、追踪以及精准定位，为有信用需求的人群提供服务。大数据的数据库能够区分公司的所有业务，对于不一样的业务，信息系统可以开展风险分析和精细化管理；除此之外，系统还可以根据公司的营业情况将公司的收益分析出来，将强大的数据提供给公司，使其更好地发展。企业的大数据平台基础服务群域主要有五个方面，即数据湖集群域、省服务集群域、数据仓库集群域、"开发测试"集群域以及机器学习实验室集群域。

数据湖集群域通常用来管理和收集数据；省服务集群域通常用于开发所有省份的有关人员的数据过程；数据仓库集群域通常用来改造数据集市和仓库；"开发测试"集群域通常用来提供数据和建立学习的平台；机器学习实验室集群域通常用来查询数据、研究算法。

（二）数据迁移

譬如，某个公司在发展时能使用海量数据的存储和集成技术（Hadoop），此技术能将全新的数据信息系统建立起来，从而取代以前的信息发展技术。

公司开展业务的对象是全部市场，用户需要不断查询数据，这便要求公司的数据运行系统和数据管理系统足够强大，以前的数据库由于用户越来越多已经无法为目前的发展提供帮助，公司便需要迁移数据。公司使用 Hadoop 技术能将迁移数据期间产生的风险降到最低，保障数据足够完整，同时 Hadoop 的平台会对错误信息发出警报，数据迁移操作的仅仅是一小部分数据，既能对信息系统进行优化，还能把有关的成本节省下来。

（三）数据运用

数据运用是指一种新的形成于大数据之上的多租户模式，能建设完整运用机器与容器云的学习平台。公司能在公司内部开展资源的分配、存储和计算，所有租户都能在享受个人资源的前提下共享资源。

第三节　智慧健康管理系统的开发及其设计的创新实践

智慧健康管理是整合医疗与信息技术相关部门、企事业单位资源，使其进行全面合作，通过信息化技术，研究健康管理信息的获取、传输、处理和反馈，实现区域一体化协同医疗健康服务，建立高品质与高效率的健康监测、疾病防治服务体系、健康生活方式与健康风险评价体系，进行健康评价、制定健康计划、实施健康干预等过程，达到改善健康状况、防治常见和慢性疾病的发生和发展、提高生命质量、降低医疗费用的目的，最终实现全人、全程、全方位的健康管理。

社会的发展和疾病谱的改变都促使人们越来越多地关注健康，开发区域一体化协同医疗健康服务，建立智慧健康管理系统的必要性越来越凸显。高校作为培养各种人才的摇篮，很多学生乐于在智慧健康管理系统方面进行深入学习和实践，下面就围绕智慧健康管理系统的开发及其设计进行分析，希望有助于在此方面进行研究的学生进行学习。

一、系统开发与数字、移动健康

（一）系统开发

系统开发为了适应社会发展、满足人民健康需求，以世界先进的健康管理理念为指导，以更新健康观念、提高大众健康水平为目的。例如，南方医科大学南方医院开发建立了多功能信息化智慧健康管理系统，该系统将哲学范畴的方法论引入健康管理体系构建，运用系统方法论与过程方法论，精益六西格玛理论（质量管理方法）和信息集成、物联网、云技术等建立健康管理云交互平台，与众多系统进行集成和数据交互；基于 HL7 卫生信息交换标准，通过医疗数据整合前置引擎系统，整合医疗卫生行政部门、疾控中心与各级医疗卫生机构的信息，包括 6 大类医疗服务系统，12 个包括健康、亚健康和疾病的数据库和 3 大管理系统，该系统将院前、院中、院后多个分散、独立的信息系统进行集成，建立了集疾病预防、健康管理、疾病治疗、社区医疗服务于一体的健康管理云交互平台，是一个经济高效、可复制、易推广并能将大医院优质医疗资源辐射至基层社区、家庭、个人，从互联网上预约到查阅个人相关资料全程信息化，集健康管理、医疗、预防与社区医疗服务于一体的健康管理医疗服务体系。

（二）数字健康与移动健康

数字健康（eHealth）在医疗与健康管理行业主要涉及全民健康信息网络、电子健康记录、远程医疗服务、移动医疗设备和通信，以及基于 IT 和通信技术的疾病预防、健康监测和生活方式管理的系统和设备。移动健康（mHealth）是随着移动通信技术和医疗技术设备的发展而出现的，也是数字健康的一部分，最早应用于紧急医疗支持，是把计算机技术、移动通信以及信息技术应用于整个医疗过程的一种新型医疗方式。

二、智慧健康管理系统开发及其设计的信息化

（一）检前的信息化

1. 网上预约——简化体检登记流程

开通网上预约服务，体检个体或团体通过互联网填写体检预约表后，个人体检信息可自动导入体检系统，完成体检登记、录入工作。

2. 自制系统——规范制定体检套餐

客户在专家的指导下，可在查询机上结合自身情况，自行制定体检套餐。自制系统包括 3 个过程：①选择体检套餐（或项目），填写问卷，推荐套餐（或项目），介绍项目意义、价格，确认套餐（或项目）、价格；②填写个人信息，包括姓名、年龄、性别、身份证号；③发送信息，将选定的体检套餐（或项目）及个人信息发送前台，同时打印预订单，凭单交费进行体检。

3. 批量导入

为团体体检单位提供个人电子信息表格，受检单位只需将填写好的表

格上传互联网，工作人员可将其批量导入体检系统，完成体检登记录入工作。

（二）检中的信息化

1. 系统集成

能够更精确完整地将个人信息采集起来。健康体检系统能够紧密衔接医院所有的系统。先是客户体检的预约，然后登记，再是收费，可以同步到 HIS，接着是打印导检单，最后发送电子申请，此步骤涉及的内容非常多，如，各诊室和各检查仪器的检验与检查、LIS 检验相关项目以及 PACS 影像相关项目等有关结果，信息系统平台上会开展总检、审核、终审以及报告等。

2. 可视化导检单

能将个性化的服务提供出来。开发可视化导检单时的依据是体检项目的详细内容以及体检场所的详细位置。该系统不仅能将体检项目发送给所有的部门和诊室，还能把一份详细的检查位置与检查项目的平面导检图出具出来。

3. 分诊系统

能够规范和优化服务的流程。该系统能依据所有诊室的检查状况和体检人的体检项目，将客户自动引导至有关诊室开展体检。该系统包含三方面内容：第一，不仅能将体检人员没有完成的体检项目提示给所有的医护人士，还能提示客户下一个诊室中哪个检查人数最少。第二，能将检查情况和待检情况显示到每个诊室上。第三，所有诊室的检查情况和排队情况都会显示到电子屏幕上。

（三）检后的信息化

1. 结论自动生成

能够将总检的速度提起来。该系统可以依据检查及结果把体检的结论自动产出来，总结体检结论的专家为了把总结体检的报告撰写完，会将撰写的速度提起来，只需要稍微修改体检结果就行。

2. 远程信息管理

能够复制运营的模式，管理输出的远程信息。该系统的内容包含三个方面：第一，集中的诊断，指的是即使是在不同的诊室，经验丰富的专家只要登录体检信息的管理平台，便能诊断出各个诊室完成的超声、心电、放射等内容，完成诊断报告的撰写以及时将报告传到总检处。第二，远程的诊断，内容有超声、心电、放射等。第三，远程的总检，指的是体检中心的分部能为总部上传总检的报告，总部中有丰富经验的专家，不仅能开展集中的总检，还能实时监控各个分部的总检报告的质量。

3. 阳性体征标识

严密地把关体检报告的质量。该系统能实时地识别阳性体征，自动地标识异常的人群。如果是身体健康的群体，医护人士在对其开展健康管理时则能快速依据人体的健康情况来完成，为客户提供很多健康管理的服务，比如，健康促进、健康提醒、健康随访以及健康教育等；能为患者立刻启动看病的程序，同时为住院的医疗系统发送患者的体检结果。

4. 电子健康档案

动态有效地监测身体健康。将个人的健康电子档案建立起来，建立的原则有两点：第一，建立居民的健康档案时应该全国标准化、统一化。第二，设计健康电子档案时应该依据国家电子病历的数据标准和基本框架。用健康和疾病问题、生命阶段、干预措施或者卫生服务活动组成的三维坐标轴中的某个区域连线，从而划定出一定的空间范围，可以说明个体某个特殊的生命期，由于一些健康问题而产生一定的卫生活动记载的数据库。

5. 信息分析统计

能够统计和查询健康体检服务的增值信息，分析和统计的主要是疾病，在提取、分析和统计数据时可以依据不一样的字段名来完成。比如，单位容易患发的疾病种类、高校体检单位的患病几率，以及异常体检的项目分布等，从而方便更好地对单位开展健康的干预和风险评估。除此之外，该系统还能分析和统计财务、工作量、体检项目、客户来源、疾病趋势以及阳性体征等。

6. 在网络信息的平台上将网络互动的平台建立起来

该系统可以将网络互动的平台提供出来，从而更好地让医护人士与客户沟通交流。在网络服务平台上，可提供网上体检预约、体检结果查询、健康风险评估、健康教育、健康咨询等服务。网络的服务平台上会有多种服务，如，健康咨询、健康教育、网上体检预约、健康风险评估以及体检结果查询等。

三、智慧健康管理系统开发及其设计的创新应用

（一）医疗服务系统

医疗服务系统，常用在远程的健康管理中。该系统能让整合和传输大型综合性医院和社区医疗机构、基层之间的信息成为现实，比如，共享居民电子健康档案的信息、查询体检报告以及在网上预约体检等，让规范的数字化

体检信息交互成为现实。该系统还能将可视化的远程健康管理医疗服务的体系建立起来，主要内容有六点：第一，该系统给病人看病时能实现实时的交互式视频会诊；第二，该系统可以对一些体检结果做出专业的诊断报告，如心电图、病理图像、远程影像、内窥镜图像、动态血压以及心电等，同时立马把这些诊断报告发送到基层的医疗单位；第三，该系统能开展多个专家的会诊以及动态各种疑难杂症的分析讨论；第四，该系统可以双向转诊；第五，该系统能开展继续教育和远程培训等；第六，该系统会设立负责专科门诊与学科建设的顾问，该服务会涵盖大医院的优质健康管理的服务，将医疗支出减到最少，让偏远地区的医疗水平得到提高，把病人的医疗费降至最低，看病贵与看病难的问题得到了一定程度的缓解。

（二）管理系统与慢病监测

管理系统与慢病监测，常用在肿瘤的治疗中。该系统能让社区服务中心、医疗机构以及疾控中心的三级联网得以实现，使得基层社区服务中心、疾控中心以及大医院能够共享肿瘤病人的有关信息，有利于社区服务中心更好地随访和管理肿瘤病人，将医疗费用降至最少。

（三）应用于个人和家庭

一方面，该系统能开展健康监护，随时采集人体关键的生化指标等参数，同时为了利于医生评估和监测这些参数，便在网上将这些参数传输给远程医疗检测的服务中心，让那些慢病危险的因素及时被医生发现，并让医生做出干预措施。另一方面，该系统还能监测老年的运动、饮食状况以及药物的用量情况等。

第四节　高校教学质量内部治理的"数智化"转型设想

治理行为指的是多个主体以相互协商为前提，找到能被大众认可的、最好的解决问题的方式的过程。高校的内部曾经提出过"治理"这一观点，其将高等教育的现代性与现代管理的重要观念体现了出来，突出了管理需要转型，强调了民主性的特点，属于全新的高等教育管理的方法。如果提升高校自身的治理水平，肯定会将高校所有主体的活力充分激发出来，会对高校创新改革的全体合力的形成有利，会对高校将发展的潜力转变成实际的效能有利，会对高校全部工作的内涵式发展的推动有利。让治理观念进入高校内部监控教学质量的领域中，也就是让有关教学利益的人建成教学共同体，用全套的管理制度管理有关教学质量的持续性和系统性的事物。从教学质量角度看，内部的治理目的应该是改革以前单向的静态管理模式，在学校内部实施新模式，也就是让有关利益的主体，如，管理者、学生、教师以及院系等进行多元的商讨和共同治理。高校教学质量的内部治理处于高水平还是低水平，既会对高校目前的发展能力产生影响，也会对高校未来的发展起到决定性作用。

教育会受人工智能和大数据等各种先进技术的发展以及先进技术深入融于教学场景中等多方面的影响，由以数据为基础的智能决策取代以经验为主的决策。高校教学质量的内部治理身为教育界重要的分支，样态紧跟教育的发展变化出现了全新的样态，即"决策智能化＋业务数字化"。一方面，我国高校教育中的课堂监督、教学评价等已经实现了数字化，形成了从教学结果评价、过程监督，到教学改进和反思的全流程与全场景的数字化闭环管理，并在此过程中生成大批非结构化和结构化的数据沉淀。另一方面，数据诊断技术作为人工智能和数据科学的典型，也在努力发挥积极作用，以经验为主的传统决策正在被以数据驱动为主的智能决策所替代，使得大力支持和准确响应建设专业和课程的需求变化、学生的满意度管理、教师的教学反思得以实现。

　　总而言之，数智化治理是指高校教学质量的内部监督工作是以数字化管理为前提的层次更高的需求，如此条件下形成的格局必定是制度和技术共同发展的结晶。详细来说，此种治理模式是崭新的教学质量的调控样态，可以将影响教学质量的因素准确识别出来并对其进行干预，形成涉及面更广的全场景，如，领导评价、学生评价、结果评价、同行评价、监督评价，以及教学过程监测等；前提基础是对串联信息的全流程，如，存储、采集、管理和调用等进行数字化闭环；核心技术是人工智能和数据科学，在干预决策的过程时，可以有效地表征各个业务的发展瓶颈和数据内涵，如，学风评价、教学资源的质量评价以及教学水平与满意度的评价等；同时，还能使用智能推荐算法予以准确干预。

　　从策源结构层面来说，数智化治理以数字技术带来的作用为前提基础，在吸纳多源异质数据和非结构化数据并将其作为崭新的策源以后，在高校内形成全新的决策格局，由利益相关者，如，学生、教师、院系和教育管理者等全面、深层次地参与教学质量的发展，共同协商治理教学质量的发展；从内涵流变层面来说，数字化治理是紧跟教育信息化技术的发展而产生的管理方式演进；从技术的驱动力层面来说，数字化治理这一产物出自智能化和数字化两种技术的共同叠加；从意义价值层面来说，数字化治理是积极响应国家教育的治理能力和治理体系的现代化要求的体现。

一、高校教学质量内部治理的"数智化"的主要特征

在传统的教学质量监控背景下，普通的统计学方法是教学质量调控进行决策期间时主要依靠的方式，分析工作人员在参与教学质量监控的活动如专项评估和教学评价等时，完全依靠手工的方法或者业务系统与计算机的帮助，用比较结构化、固定化的数据开展分析。最后的决策敲定前，分析人员在为所有的决策者说明推理的过程、分析结论时，主要会用文本化的表征方式。但是，如今正是大数据的时代，高校内治理教学质量的形式也有了非常大的改变。由于来自评价活动与教学活动的数据量越来越多，而且还出现了很多新的特征，如多源异质和非结构化等，现在很重要的研究命题是怎样才能有效地展现与表征教育场景中的大数据。越来越大的不匹配出现在"数智化"治理的实际追求和传统的方法论中间，极大地限制了高校教学数据资产的价值。而教育中的大数据与人工智能有关的"数智化"技术和数据科学结合，在教学质量的治理方面表现出了很大的优势，选择了多元的策源，能更高效灵活地运用信息，能更直观生动地表征分析的结果和推理的过程。对此，下面围绕三个突出特点做详细的解释。

（一）数据科学技术推动教育数据多元协同

数据科学的定义比较广泛，是一门由各行各业的知识与很多的专业技术如数据可视化、数据分析、数据管理、数据加工、数据计算等共同组成的交

叉学科，对于高校的数字化转型来说至关重要。信息化的数据采集达到了教学的全景数字化，所有业务数据在集成与网络传输技术、数据穿透技术的影响下实现了相互联通，高校信息化服务的效能和质量在数据仓库技术（ETL）的影响下都有所提高。数据科学技术应用可以借助决策优化、数据聚类以及数据认知等挖掘教育数据的潜在价值、复杂性关联，启发数学的决策过程、决策理念以及决策主体的适切化与智能化，促进数据的决策理念从经验发展为循证，促进决策主体发展为多元的、具备"去中心化"的协同体系，促进决策过程从经验发展为数据的智能驱动，将智能算法与规模化数据视为中介，对教育数据进行表征使其成为信息，进一步把信息发展为行动知识，最后形成清楚的智慧决策方案。

（二）人工智能算法挖掘教育数据潜藏价值

人工智能算法以人工智能的自然语言处理为基础，对教学质量的内部治理有一定的帮助，可以利用与挖掘非结构化数据的价值，还能把以前没有的决策支持信息提供出来。

第一，借助人工智能对评语做逆向的分析，挖掘大批评语内的共同因素，能将证据提供给课堂教学评价量表，使其修订，还能使得教学评价中比较零碎的教学智慧与经验聚到一起，给课堂教学评价带来全新的视角。

第二，借助人工智能降维教学评价数据的属性特点，分类好教学评价里的短文本和中文本数据，使其按照情感划分开，从而判断评价的情感倾向。

来自评价反馈活动和数字化教学的非结构化数据与信息，本来不能被合理使用，但在人工智能的背景下获得了有用的价值挖掘，给教学质量的质量方式带来了全新的选择。

（三）可视化技术促进教育数据表征理解

教育的大数据借助人的视觉认通量比较高的特征，将藏于教育数据中的行为模式和认知规律用可视化图形的方式展现了出来，为用户推断出大量数据中有价值的信息提供帮助，把藏于教学中的认知规律挖掘出来，更好地理解繁杂的教育情况。其主要针对的使用对象为管理人员、学生和教师，直接目的为改善教学活动、提高学生的成绩、挖掘教育规律、提升管理效率。

在解释智能算法和数据驱动下的繁杂推理过程以及分析的结论时，可视化表征能有效地弥补计算机自动化分析方式存在的不足和缺陷，能将传统的文本化表征方式不能完成的任务肩负起来。可视化系统在数据的驱动下还能为管理者提供较直接的教育分析报告，为管理者精准地预测未来的趋势提供帮助，为了保证决策的安全性，还会将有关的预警机制建立起来，在教学质量治理中的前景非常好。

二、高校教学质量内部治理的"数智化"的转型策略

对于高校的教学质量发展来说，治理逻辑把最好的发展方式提供了出来，"数智化"技术把实现发展的工具提供了出来。从核心来看，这里探讨的"数智化"治理是指在技术层面中，教学质量的决策智能化和评价数字化的结合运用，是随着教育信息化发展、内部治理方式发生在管理方面的转移，是与质量调控有关的项目发生在制度方面的更新和迭代，是教学质量与利益有关的主体发生在素养方面的不断演变。如果想让教学质量的"数智化"治理成功转型，高校应该对改革期间的人员技术修养、制度、技术、管理中彼此的关系有一定的明确，对改革将遇到的困难有一定的认识，把困难中的关键问题解决好。

（一）以技术革命引领管理革命

教育改革中有力的工具是信息技术。但是，高校如果在推动"数智化"的转型中无法根据自身的发展策略来完成，推动"数智化"仅仅是为了展现"数智化"，那么就会导致新技术的引入只能停留在表面，也会让技术革命自身诱发新教育的异化情况，而失去了推动作用。针对这种现象，高校应该把"数智化"的转型看成"一把手工程"。将适切性看作导向，评估好教学质量的内部治理体系中"数智化"技术的所有流程和环节的引入，保证"数智化"技术能被应用到合适的场景中并得到合理的运用，从而启发管理层面开展革命和创新，令管理者、学生和教师等有关利益的主体能够对教学质量的样态做共同的协商治理。

（二）以制度跟进推动改革进程

如果先进的管理方法得不到及时的政策机制上的跟进和保证，那么也不能确保改革的效力，更没有办法长久维持改革的效力。若想完全实现教育治理的效能，应该从教育治理领域中入手，将政策的氛围营造出来，对组织的管理结构进行变革，持续完善教育治理的法规系统，使得多元协同的治理方式慢慢形成。因此，为了更好地面对管理革命引起的各种变化，高校的全部有关部门都要以"数智化"治理的系列新特点为依据，重新制定或者主动更新各个方面相关的制度文件，如，教师绩效考核、教学质量评价管理方式、教学数据管理的使用规定等。只有保证制度能紧跟管理革命的步伐，才能为"数智化"的教学质量由管理研究转变为管理现实提供保障。

（三）以素养培育保障持续发展

在智能时代中，教师既要拥有数据修养与人工智能修养，更要将数据修养与人工智能修养结合到一起。教师只有拥有"数智修养"，才能防止在人机合作的教学环境中成为边缘人物，学生也是这样。但是，受传统的教育模式与理念的影响，仍有一些教师和学生在观望教育教学中的新兴技术，这些古板的思维会对智能信息技术的使用与推广产生阻碍。高校为了把不好的负面影响消除掉，应该依靠有关的教学单位与教师发展机构对数智修养进行针对性的训练，让教学质量内部治理体系中的成员都能将"数智化"转型的认识建立起来，同时拥有很强的数智修养，进一步将足够的内生动力提供给教学质量内部治理的多种项目，如，教学监督、学风学情反馈、领导和同行的听课评价以及教学的满意度评价等。

结 束 语

高等教育改革发展始终与国家改革发展同向同行。面对世界新科技革命和新工业革命竞争的态势，面向未来我国经济社会发展对高等教育的需求，亟须紧扣新思想、新矛盾、新目标提出的新要求，打造高等教育的升级版。新时代高等教育的任务需要满足人民日益增长的对更高质量、更加公平的高等教育的需求。

当前，在"数智融合"驱动下的数字时代中，由于传统教育理念和教育模式的熏陶，仍然有部分师生对新兴技术应用于教育教学持观望和保留的态度，这种思维定式、路径依赖都将阻碍智能信息技术的推广和应用。为消除这种不利因素的影响，高校应依托教师发展机构和相关教学单位，开展针对性的数字素养培训。使教学质量内部治理体系中的全员，都能建立起较强的数字化转型意识，和数智化发展趋势认知，并具备足够的数智素养。从而为"数智化"环境下高校教育的教学满意度评价、学风学情反馈、同行与领导听课评价、教学督导等教学质量内部治理业务的长期有效运行，提供充足的内生动力。

参考文献

一、专著类

［1］李燕 . 新时期高校教师能力培养与专业化发展探究［M］. 成都：四川大学出版社，2018.

［2］刘思延 . 高校教育教学管理实践与创新发展［M］. 哈尔滨：哈尔滨出版社，2021.

［3］吕村 . 高校教育管理与教学研究［M］. 长春：吉林文史出版社，2021.

二、期刊类

［1］陈奕奕，陈佩佩 . 高校数智化 T 型人才培养模式的探索与实践——以人力资源管理专业为例［J］. 管理工程师，2022，27（2）：70-75.

［2］侯薇 . 基于 SWOT 分析的高校数字媒体教育研究［J］. 黑龙江高教研究，2011（2）：150-153.

［3］黄朝晖 . 创新高校教育理念优化教育管理机制［J］. 科教文汇，2013（33）：169.

［4］李来原.高校"课程思政"与"思政课程"协同育人建设的若干思考
　　［J］.黑龙江教育（理论与实践），2022（6）：6-9.

［5］林贤明.课程思政与思政课程协同育人的内在逻辑和路径探索［J］.高教
　　学刊，2021（7）：193-196.

［6］刘鹏程.高校教育管理质量保障路径研究［J］.黑龙江教师发展学院学报，
　　2021，40（2）：13.

［7］柳文华.高校教育教学改革的动力机制探讨［J］.教育现代化,2018,5(3)：
　　54.

［8］马浩瀚.校企联动模式创新路径探索研究［J］.课程教育研究,2018（10）：
　　229.

［9］马晓强，张贤丽，唐露，肖虹.建筑智能化工程技术专业人才培养模式
　　研究［J］.通信与信息技术，2018（2）：56-58.

［10］牛云红.基于数智化物流背景下的创新人才培养研究［J］.中国物流与
　　采购，2022（9）：97-98.

［11］钱铮，王志贤.新媒体环境下微电影与校园文化建设［J］.中国冶金教
　　育，2015（3）：49-52.

［12］苏静.高校管理队伍专业化建设研究［J］.科技经济导刊,2018,26（10）：
　　119.

［13］孙雪凌.高校教学质量内部治理的"数智化"转型研究［J］.教育教学
　　论坛，2021（35）：157-160.

［14］唐雁.新时代高校校园文化建设策略研究［J］.渤海大学学报（哲学社
　　会科学版），2022，44（3）：102-105.

［15］田芳.高职教育产教合作探索［J］.岳阳职业技术学院学报，2005（1）：

25.

[16] 王侃.人工智能、大数据和云计算的融合发展［J］.信息记录材料，2022，23（2）：170.

[17] 王月.数智化时代高校辅修专业教育改革的几点思考［J］.辽宁高职学报，2021，23（10）：41.

[18] 韦思哲.浅谈数字媒体环境下微电影与校园文化建设［J］.明日风尚，2017（13）：305.

[19] 吴冬芹，郭黎黎.探索校企联动微课建设和共享的信息化途径［J］.电脑知识与技术，2017，13（30）：139-140+152.

[20] 吴海玉.大学生创业亟待校企联动［J］.人民论坛，2018（10）：102.

[21] 肖瑶星.高职信息安全与管理专业人才培养模式探讨［J］.中国教育技术装备，2018（23）：115-116+121.

[22] 杨秀萍.课程思政与思政课程协同育人：前提、途径与机制［J］.黑龙江高教研究，2021，39（12）：87-91.

[23] 湛剑佳.物联网应用技术专业人才培养路径［J］.福建电脑，2020，36（12）：106-107.

[24] 张皓，毛振东."双轮驱动"创新培养数智化人才［J］.中国工业和信息化，2022（6）：86.

[25] 张磊，闫广芬.职业教育与智能制造协同发展路径研究——基于帕森斯AGIL理论［J］.中国职业技术教育，2017（3）：7.

[26] 张立，刘素芳.论以"课程思政"实现协同育人的关键点位及有效落实［J］.智库时代，2019（16）：218.

[27] 张露汀，杨锐，郑寿纬.高校教育教学创新研究［M］.吉林人民出版社，

2021.

［28］张园园，孙兆统，余沛东，周恒胜.基于沉浸式虚拟仿真的物流专业创

新人才培养研究［J］.物流科技，2021，44（10）：166-168.

［29］张志华.数智化转型服务新发展格局［J］.唯实，2021（3）：39-41.

［30］郑月，李小溪，方洁旋，戴萌.智慧健康管理系统开发与应用前景［J］.

医学信息学杂志，2014，35（1）：12-16.